教え方の一流、二流、三流

北 宏志

はじめに

◆「教え方」を知らない上司たち

あなたは、どう教えることが一流、つまり「教え方の最適解」だと思いますか？

私はかつて中高一貫校で社会科の教員をしていました。

教員免許を取得するためには当然、大学の授業で教育の体系を学び、教育実習で実践し、現役で教師を務めている諸先輩方からご指導いただき……という学びのプロセスがありました。

でも、社会人には、部下や後輩の教え方を学ぶ機会はあまり多くありません。

もう少し言い方を換えると、学ぶ機会がなかった、あるいはそもそも学ぶものだと思っていなかったという方もいるかもしれません。

もちろんマネジメント研修やリーダー研修を受けたことがある方もいるでしょう。

しかし、企業によっては、ハラスメントについての注意や評価の仕方など、「教え方」ではなく、「管理の仕方や仕事の進め方」を教える場になってしまっている場合もあるようです。

そのため、「教え方の最適解」を知らないまま、自己流、あるいはかつて自分を育ててくれた上司を踏襲したスタイルで、人材育成をしている方が多いのです。

このような状況では、部下や後輩への教育がうまくいくはずもなく、若者の離職率の高さに悩むことになるのも、もっともでしょう。

本書は、そのように悩んでいる、すべての上司の方々に向けて書きました。

◆職場に必要な「教え方」とは

教員を退職した後、私は親族が経営するランドセルメーカーに転職し、中国の現地法人で部下80名を束ねるという経験をしました。

この時学んだのは、コミュニケーションの大切さや、部下のモチベーションを高め、主体的に働いてもらうことの重要性です。海外では〝これくらい常識だろう〟とか〝普通はこうするだろう〟といった日本的な考えは通用しません。しっかりと言葉で、行動で伝えなければ、共通の意識を持つことができないのです。

さらに、多様なメンバーと仕事をするうえでは、一人ひとりがどのような目的やビジョンを持っているのかを知り、それが叶うように導くことが人材育成を担当するリーダーに不可欠な能力だということを痛感しました。

教え方やコミュニケーションを試行錯誤するなか、結果的に、**3年間で売上を9・7倍に拡大**することができました。

このような考えは、何も海外でだけ通用するものではありません。

かつて日本では、仕事は先輩の背中を見て覚える、〝察して〟動くといった働き方が求められていました。しかし今は違います。

若者たちのやる気を引き出し、主体的に仕事をできるよう育てていくことこそ、これからの人材育成に欠かせない視点なのではないでしょうか。

◆すれ違う上司と部下

現在私は、人材育成コンサルタントとして、日本各地でさまざまなセミナーや講演で講師を務めています。またさまざまな企業のご相談を受け、社外人材育成担当のようなかたちで、1on1を担当させていただいています。

これらの活動を通じ、これまでで約2万5000名もの方と関わりを持たせていただきました。そのなかでも特に、接することが多いのがZ世代と呼ばれる若者たちです。

彼らの話を聞くと、**「上司が何を考えているのか分からない」「この仕事の意味が分からない」**といった言葉がよく出てきます。

本来、上司が伝えるべきことがきちんと伝わっていない、あるいは若者たちが正しく理解できていないのではと感じることが多々あるのです。

一方で、上司の方に話を聞くと、伝えているつもりであったり、伝えていなくても**「そんなことは分かっているだろう」**と考えていたりする方もお見受けします。

これは明らかなコミュニケーション不足です。

このような状況を解消するためにも、適切な教え方を理解することが重要なのです。

老子の格言に、「授人以魚　不如授人以漁」という言葉があります。この言葉は、「人に魚を与えるよりも、魚の捕り方を教えよ」ということを示しています。

魚を与えるだけでは一度食べて終わりですが、魚の捕り方を教えれば、一生自分の力で食べていける、というわけですね。

これを参考に考えると、教え方の二流は「魚を与える」こと。そして一流は「魚の捕り方を教える」こととなります。

では、三流にあたるのは何か。私は「魚を自分で探させる」ことだと考えました。

本物の魚を与える、つまり見せるよりも前に「まずは探せ」では、人はなかなか動くことはできません。

本書では「授人以魚　不如授人以漁」をベースに、より具体的なシーンでの一流、二流、三流を示していきます。

これまで学ぶ機会がなかった教え方を知ることで、明日からの教え方が変わる。

そんなきっかけになればと願っています。

北宏志

教え方の一流、二流、三流　もくじ

Chapter 1 教え方の基本

Chapter 2 関係性のつくり方・個性の伸ばし方

Chapter 3

部下が自分で動く教え方

Chapter 4 やる気の高め方・評価の仕方

Chapter 5 シーン・タイプ別の教え方

Chapter 6

教え上手の心得

Chapter 1

教え方の基本

教える前に

三流は、部下と話すのは無駄と考え、二流は、とりあえず教え方を学び、一流は、どうする？

会社で働いていると、部下を持つことは避けられません。

「人を育てるのは苦手」だと思っている人でも、ある日突然上司になる可能性があります。

部下を持った時、「そもそも人を育てるなんて……」という姿勢で、「考えの違う部下と話すのは無駄」「勝手に育つだろう」「こちらの言うことだけ聞いてもらえれば」などと考えていては、当然ながら人は育ちません。

上司になる経験は、ステップアップです。せっかくのチャンスを生かすために、まずは教え方を学ぶという発想も大切です。

「はじめに」でもお伝えしたように、多くの人は教え方を学ぶ機会がありませんでした。

正しい教え方を知らなければ、自己流の誤った指導・教育で部下の可能性をつぶしてしまうリスクもあります。

しかし、**最初に考えるべきことは、実は「教え方」ではないのです。**

上司も部下も1人の人間です。

これまで育ってきた環境や経歴、好きなこと、考え方……すべてが異なる人同士が一緒に働くためにはまず、関係づくりが必要になります。

例えば、友達になりたいと思う相手に対し、〝友達のつくり方〟を学んでから話しかけようとする人は、あまりいないのではないでしょうか。

会話を重ね、少しずつ相手を理解し、自分を知ってもらい、心地よい関係づくりができた時、「友達だ」と言える間柄になりますよね。

それは、上司と部下というかたちで知り合った者同士であっても、同じです。

教え方というスキルを身に付ける前に、まずは積極的にコミュニケーションをとり、相

手の話を聞き、考え方を理解する。

相手の好きなものや苦手なことを知り、頭のなかにあるキャリア設計を共有してもらう。こういったプロセスを経て、「信頼できる上司」であり、「安心して任せられる部下」になることができるのです。

最近の若者像として、オンとオフをはっきりしたい、プライベートのことを話したがらないなど、上司とのコミュニケーションを好まないかのようなイメージが語られています。しかし、必ずしもそうではありません。

そもそも、適切な関係を築くことは世代に関係なく、大事にしたいポイントです。

しっかりとコミュニケーションをとり、人間関係を築いたうえで、今時の部下の特性や、自社の方針を踏まえ、教え方というスキルを発揮し、自分で考え、動ける社会人を育成していく。

それこそが上司に求められていることなのです。教え方を知る前に、まずは人と人として、お互いが心地よく感じる関係づくりを始めましょう。

Mastery of Teaching

一流は、まず関係づくりを大切にする

「教え方」を知る前に
「関係づくり」を始める

部下に対して

三流は、疑い、
二流は、信頼し、
一流は、どうする？

部下を持つことになった時、「この子は大丈夫だろうか」「ちゃんとしているのだろうか」と疑いを持って接すれば、その時点でいい関係を築くことが難しくなります。

誰だって、相手に信じてもらえていないと分かれば、自ずと壁をつくってしまうでしょう。

では、部下を信頼すれば、良好な関係性を築けるかというと、それも少し違います。

信頼とは、未来や相手の人間性を信じることだと言われています。もちろん、部下の将来性や人間性を「信じるな」とは言いません。

しかし、まだ一緒に業務に取り組んでいない部下に対し、「きっと大丈夫だろう」「うまくやってくれるだろう」という未来の在り方を信頼するのはあまりにも楽観的であり、部下を指導・教育する立場としてはふさわしくないでしょう。

そこでより重要になるのが、信頼ではなく、信用。

つまり、**部下の過去の実績を根拠に、相手を信じることなのです。**

「きっと君なら、うまくできると思うから、任せるよ」が信頼。

対する信用は、「前にこの業務に取り組んだ時、しっかりと完成させられていたね。だから、今度のこの業務も、その経験を応用できれば、うまくできると思うよ」となります。

部下の視点からも考えてみましょう。

「きっと大丈夫だと思うから、任せるよ」と言われて「任せてもらったから頑張ろう」と捉える部下も、もちろんいるでしょう。

一方で、「いやいや、まだやったこともないことに対して、きっと大丈夫というのは無責任では……」と捉えたり、「あまりにも丸投げでは……」と感じたりしてしまう部下もいるかもしれません。

それに比べ、信用ができている上司は、きちんと実績を認めています。部下からすると、自分のことをきちんと知っていてくれる、さらに評価してくれているという状態です。

また、今の若い世代は「承認欲求」が強いと言われています。上司が部下を信用している状態は、この承認欲求が満たされている状態と言い換えてもいいでしょう。

私は研修などで担当する若者たちに、「上司や先輩から信用を得て、それから信頼を得るように頑張ろう」と伝えています。たとえ上司と部下という関係性であっても、人間関係の基本は信用から始まると考えてみましょう。

Mastery of Teaching

一流は、過去から相手を「信用する」

☑ 部下の実績を積極的に認める

マネジメント

三流は、思い通りに動かそうとし、二流は、細かく確認し、一流は、どうする？

部下にどのように接したらいいか。

これは多くの上司が迷いながら、正解を求めているものでしょう。

時に、部下を自分の〝手下〟だと勘違いし、思い通りに動かすためにガチガチに締め上げた指導をする方がいらっしゃいますが、これはＮＧ。時代錯誤なやり方です。

進捗状況を頻繁に細かく確認する、というマネジメントをしている方もいるでしょう。これは、業務の抜け漏れをなくすという点では、妥当な方法かもしれません。

しかし、このようなマネジメントをする理由が、**〝うまくいっているか心配だから〟という上司都合の場合、部下は信用されていないことに不満を感じる可能性があります。**

一流が行うマネジメントは、**いつもは放任し、緊急時には的確な指示を出す**というスタイルです。


業務が滞りなく進捗している時は、部下のやり方で進めて問題ありません。

もちろん、期限を守るとか、決められたやり方で進めるといったルールは守る必要がありますが、あえて上司側が細かく、ルールが守れているかを確認する必要はないでしょう。

このような姿勢をとることで、部下を信用しているというメッセージを伝えることができます。


業務を進める際は、起こってほしくないことではあるものの、トラブルが発生したり、ミスが発覚したりといった緊急事態が起こることがあります。

そんな時こそ、上司の出番です。

現状を速やかに把握し、どう対処すべきか、どこに落としどころを見つけるかなどを判断し、適切な指示を出しましょう。

ここで〝部下任せ〟にしてしまっては、上司と部下の関係を築くことはできません。部下が〝答え〟を求めている時こそ、上司の出番です。

また、緊急時だけでなく、部下が壁にぶつかっている時や、アドバイスを必要としている時も、積極的にコミュニケーションをとり、指示を出すようにしましょう。

注意すべきは、緊急時とは違い、このような場合には部下と一緒に〝答え〟を探すスタイルをとるべきだということ。

すぐに正解を示すのではなく、一緒に見つけ出すマネジメントの姿勢が重要です。

Mastery of Teaching

一流は、いつもは放任、緊急時に指示を出す

☑ 細かく確認をしないことが部下へのメッセージになる

どう教えるか

三流は、マニュアル通りに教え、二流は、マニュアルに補足を加え、一流は、どうする？

部下に仕事を教える場合、あなたはどう教えてきましたか。あるいは、どう教えられてきたでしょうか。

おそらく、自分が教えられたやり方を踏襲する人が多いでしょう。では、教えられてきたプロセスを振り返ってみて、不満に思ったことはなかったでしょうか。

一般的に、業務にはある程度の手本、つまりマニュアルが存在しています。マニュアルとは、あくまで最低限のノウハウが書かれたものです。書いてある通りにやってみても、その通りにはできなかったり、追加で質問の必要があったり、不備があり差し戻されてきたりという経験を持つ人もいるでしょう。

少し気が利く上司であれば、マニュアル＋αのことを教えてくれます。自身の経験を踏まえたやり方を教え込むことで、部下が不要な面倒を避けられるよう、レールを敷いてあげるのです。

敷かれたレールの上は安全で、失敗もないかもしれません。

しかしそれでは、自発的な姿勢は生まれず、成長にはつながりません。

大切なのは、部下のやり方を見て、それを尊重し見守ることです。

マニュアルを見ながら進めたい人、まずは自分の考えでやってみたい人、困った時にはすぐ助けてほしい人、困難を自分の手でコツコツと乗り切るのが得意な人……。

人はそれぞれ自分なりの考えややり方を持っています。

あなたのやり方に部下を染めるのではなく、部下がどんな考えで、どんなやり方をする

のかを見守る姿勢を大切にしましょう。

ここでのポイントは〝尊重〟です。

人はつい、特に上司という立場にいると、何か言いたくなってしまいます。「こっちのやり方の方が速いんじゃない？」とか「そこはそうじゃなくて、こうするべきだ」などと口を出したくなる気持ちをぐっと抑え、まずは相手のやり方を尊重しましょう。

見守ることは、放置することとは異なります。

しっかりと見守っていることを示し、時に部下が悩んでいるようであれば、「どうすればいいか、一緒に考えよう」と歩み寄る姿勢を見せてください。

Mastery of Teaching

一流は、相手のやり方を尊重し見守る

☑ 自分流に部下を染める必要はない

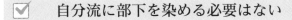

教える内容

三流は、自分のやり方を教え、二流は、自社のやり方を教え、一流は、何を教える？

部下に業務を指示する際は、まずそのやり方を教えることになります。

もしも相手がその業務に初めてチャレンジする場合、特に丁寧に指導をする必要があります。

実務をする側として〝ラクをする〟方法のノウハウを持っており、それを教えることは、悪いことではありません。しかし、**部下にとっての正しいやり方＝先輩・上司の自己流になってしまっては、トラブルが発生するリスクになります。**

では、あくまでも会社のやり方を教えれば、最適解になるのでしょうか。

例えば、エクセルにまとめてある売上を、会社の慣習として、電卓を使ってダブルチェックしている場合。

部下によっては、「エクセル関数を使えば、ダブルチェックの必要はないんじゃない？」と思うかもしれません。

このささいな疑問は、特に年齢の若い部下にとって大きなストレスとなります。

今の若者たちが重視する価値観の1つに「コスパ」「タイパ」があります。自分の行動がコストや時間に見合っているかを重視する考え方です。

本来、電卓での作業を減らすためのエクセルをもう一度電卓で確認する……これは明らかにパフォーマンスがよくないですよね。

では、一流はどう教えるのか。

実務の行い方などを教えたうえで、このように伝えます。

「もしこの方法に違和感を感じた時は、より効率的にできる方法を探してみてください。先輩に相談したり、ツールを使って、もっと簡単にできる方法を提案したりしてみたらいいと思うよ。実務をやってみて分かる違和感や課題は、自分から積極的に変革していこう」

課題に気づき、その解決策を探し、提案・共有する、これは社会人に求められる基本的なスキルです。

しかし、これができない人は意外と多いものです。部下世代である若手ならなおさらでしょう。

そこで一流は、**業務を教える際に、自社のやり方を教えるだけでなく、その先にある社会人としての考え方までも教えるのです。**

もちろん、自社のやり方を否定する必要はありません。

正しいやり方を教えたうえで、〝よりよい方法を模索することが社会人としてのステップアップにつながる〟という考え方を伝えること。これが一流の教え方なのです。

Mastery of Teaching

一流は、社会人の基礎を教える

場当たり的でない教え方が、
部下のステップアップにつながる

教える人数

三流は、指導係を決め、二流は、全員でサポートし、一流は、どうする？

あなたの職場では、新人を何人で教えていますか？

さまざまな企業の新入社員研修などを見ていると、よく見かけるのは、指導係がいるパターンです。

体系化された指導方針があればいいのですが、そうでない場合、指導係が1対1で部下の指導・教育をするのはおすすめできません。

その理由はシンプルで、属人的な指導・教育になってしまうためです。指導係との相性に大きな影響を受けやすいという点も大きな気がかりです。

距離感が近い会社や部署では、周りにいる人みんなが指導・教育をするという方針を取る場合もあるでしょう。

困った時、すぐに誰にでも聞ける環境は一見すると、部下にとっていい環境のように感じます。

しかし、これは二流のやり方です。

仮に同じ質問を2人の上司にそれぞれした場合、回答が異なっていたら部下はどうしたらいいのか混乱するでしょう。また、Aさんが教えた内容を、翌週Bさんが再度教えていたら、時間の無駄になってしまいます。

いろいろな人が部下に関わる姿勢を持つことは大切ですが、指導・教育という点では、どうしても一貫性に欠けてしまうのです。

部下も上司もラクになる、一流の指導体制は、**直属の上司と先輩の2名体制**です。

直属の上司が指導・教育を行うのは当然ですね。何よりもまず業務に精通していること、部下と一番深く関係性を築くべき存在であることがその理由です。

これから一緒に働くことを念頭に、中長期的なビジョンを持って指導・教育に当たれるということは企業にとっても大きなメリットとなります。

ただ、この時点では、指導係と同じ1対1になります。相性がよくなかったり、考え方に賛成できなかったりという可能性も否定できません。

そこで直属の上司をサポートし、部下にとって親しみを感じる存在となるのが、先輩です。

上司には聞きづらいことを気軽に相談できたり、先輩自身が部下という立場であることから、同じ目線で仕事の話ができたりというメリットがあります。

直属の上司の考え方ややり方に慣れているという点でも、先輩は部下の指導・教育をサポートするのにふさわしい人材でしょう。

Mastery of Teaching

一流は、直属の上司と先輩の2名で教える

「属人的」で「一貫性がない」教え方を防ぐ

Chapter 2

関係性のつくり方・個性の伸ばし方

コミュニケーション

三流は、報連相で満足し、
二流は、自分の趣味で雑談し、
一流は、どうする？

Chapter 1の冒頭で、「まず関係づくりを大切にする」とお伝えしました。ここからは、上司と部下のいい関係性のつくり方、そのためのコミュニケーションの方法を紹介します。

若手社員の上司の方に「部下とコミュニケーションは取れていますか」と伺うと、「指示はきちんとしているし、報告もしっかりしてくれて、コミュニケーションは問題ないよ」というような回答をされる方がいます。

しかし、仕事における指示出しや報告は、コミュニケーションではなく、業務の一環です。少し厳しい言い方をすると、して当然のことなのです。

「趣味の話もよくするし、コミュニケーションが取れているよ」という方の場合、よく話を伺ってみると、部下の趣味は知らないけれども、自分の趣味について〝話して聞かせている〟というパターンが往々にしてあります。

それは双方向コミュニケーションではなく、上司が一方的に自分の趣味について話しているだけですよね。

では、上司と部下のコミュニケーションの在り方は、どのようなかたちがベターなのでしょうか。

極端に言えば、上司は完全な聞き役でも構いません。

部下は何が好きなのか、部下はどんなことを考えているのか、部下は何に熱中しているのか。部下目線で、その話をしっかり聞くことで、部下からの信頼を得て、より深い話ができる関係性をつくれるのです。

一流が特に気を付けていることは、**相手への質問の仕方**です。

「音楽は好きですか」「はい」「ペットを飼っていますか」「いいえ」

このようなYES／NOで回答できる質問を繰り返しても、話も相手への理解も深まっていきません。

「どのような音楽を聴いていますか」

「ペットを飼うとしたら、どんな動物がいいですか」

このように、相手が回答を考え、自分の言葉で答えられるような質問をすることが、話を広げ、深めるためのコツとなります。

また、「その時○○さんはどう思いましたか」とか「●●を見て、○○さんはどう感じましたか」といった、思い出の場面や何か記憶に残るシーンでの相手の心情をたずねるような質問も、より深い理解をするという点では効果的でしょう。

Mastery of Teaching

一流は、部下が関心のあることを質問して、喋らせる

☑ 質問で部下のことをより理解できる

誘い方

三流は、誘われるのを待ち、二流は、自分から飲みに誘い、一流は、どうする？

会社でのコミュニケーションというと、以前は〝飲みニケーション〟といった言葉があったように、飲みに行くことがファーストステップのように思われがちです。

「部下たるもの、まずは目上の上司を誘って、飲みに行くべきだ」という考え方は、あまりにも時代錯誤でしょう。

上司側から部下に声をかけ、飲みに連れていくという方もいるかもしれません。

しかし、上司に誘われれば、部下は断りづらく、いきなり〝腹を割って話そう〟とか〝無礼講〟だといったフランクな雰囲気をつくることは難しいのではないでしょうか。

現代の若者たちは、オンとオフを明確に分けて考える傾向が強いと言われています。

飲み会に誘ったら、「それは業務ですか」「残業代は出るんですか」と聞かれたという話もあるようです。

「行きたくないのに、誘われた」という印象を与えてしまっては、部下の負担になるばかりです。

一方で、私の周りを見ていると、何もすべての若者が飲み会嫌いというわけではないように感じます。

彼らは年上世代との宴席を楽しんでいるようですし、「こういう場があるのはうれしい」という考えを持っている人もいます。

では、どこがネックなのか。

問題は、上司側が、部下がどのようなスタンスなのかの見極めが、できていないことにあります。

スタンスを聞く場所は何も、業務中や業務後だけではありません。まずは業務時間内であり、拘束時間も短いランチに誘ってみてください。

お昼の休憩時間はおおよそ1時間程度、夜の飲み会のように〝いつ終わるのか分からない〟という不安も感じにくいです。

上司部下双方にとって、金銭的負担もそれほど大きくありません。

ランチの場で、今目の前にある仕事のことだけでなく、仕事に対するスタンス、プライベートに関するライトな話題を出すことで、部下の人となりを知ることができるでしょう。

そのうえで、飲み会にも参加したいタイプだと分かれば、飲みに誘えばいいのです。

「今の若手は○○だから」と決めつけずに、お互いの負担が少ないランチの場で、部下の考えを聞いてみてください。

Mastery of Teaching

一流は、ランチに誘う

☑ いきなり飲みニケーションに頼らない

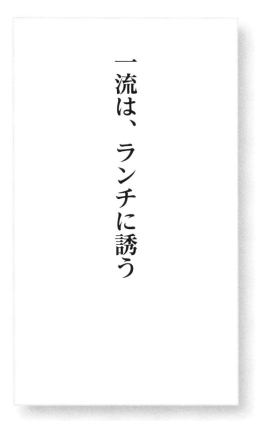

部下の人間関係

三流は、特に知らず、二流は、部署内の関係性を知っており、一流は、何を知っている？

当然ながら、会社はあなたと部下だけで成り立つものではありません。会社において、1つの単位となるのは部署という枠組みです。同じ目標に向かい、近い業務をする部署において、良好な人間関係を築くことは大変重要です。

上司として、部下を指導・教育する際、部署のなかで、部下がどのような存在なのかを認識しておくことも大切なことなのです。

比較的見えやすい部署での人間関係だけでなく、さらに一歩進んで、注意して見ておきたいものがあります。

それが、**部下の同期や同世代との関係性**です。

おそらく多くの方に経験があると思いますが、同期や同世代の同僚は、会社で働く人にとって、とても大きな存在になります。

楽しいことを共有し、つらいことを励まし合い……こういった人間関係は社会人として成長していくうえで、欠かせないものでしょう。

逆に、同期や同世代間の人間関係の悪化や変化は、仕事へのモチベーションや、成果にも大きな影響を与えます。

ネガティブな例を出せば、同期や同世代が転職を考える時期になると、「自分もそろそろかな……」と、仕事へのモチベーションを低下させてしまうということも考えられます。

上司という立場では、同期や同世代の人間関係にはいい面、悪い面の両方があることを認識してください。

そのうえで、部下が今どのような関係性のなかにいるのか、どんな環境なのか、変化はないかという点にも気を配ってみてください。

もちろん、本人から直接聞く話だけでなく、周りの様子を見て知る情報もあります。上司という立場の人が適切な人間関係を築けているのであれば、このような情報は無理をして集めずとも、自然と耳に入ってくるものでしょう。

もしも同期との関係があまり良好ではないように見受けられた場合は、部署やチーム内での人間関係づくりがよりスムーズになるよう、積極的に声をかけ、様子を見守りましょう。

職場において孤立してしまうことは、早期退職のリスクにもつながります。

これら、**本人からの情報と周りからの情報**をバランスよく把握しておくことで、今このタイミングの部下がどのような状況にあるのかを知ることができるのです。

Mastery of Teaching

一流は、同期・同世代の関係性を知っている

☑ 周りからも情報を仕入れる

個性の生かし方

三流は、考えを押し付け、二流は、苦手なことを克服させ、一流は、どうする？

人にはそれぞれ、個性がありますよね。

運動が好きな人もいれば、苦手な人もいます。直感で行動するのが得意な人もいれば、しっかりと下準備をして物事を進める人もいます。

仕事においても、このような個性は大きく影響するものです。

例えば、同じ営業でも、データや理論を使って相手を説得するタイプと、〝なんとなく相手から好かれる〟タイプがいるでしょう。

「営業だからこうすべきだ」という固定観念で部下を指導してしまうと、せっかくの個性が発揮されません。

だからと言って、苦手なことを避けて通るばかりでは、仕事になりませんよね。

苦手なことを克服することで、部下は大きく成長することができます。

しかし一方で、苦手なことではなくなったにしろ、あまり得意ではないことをずっと続けていて、人は楽しいと感じるでしょうか。


やらされているのではなく、自分がやりたいからやる。

部下にそう思ってもらうには、部下の「得意」を生かせる環境を用意することが必要です。

例えば営業職の場合、次のように考えることができます。

・アイデアを次々生み出す、スピード感のあるタイプ

顧客とのやり取りのなかで、新たなアイデアを生み出しスピード感をもって実現していくメンバーには、最初からある程度の判断権や裁量権を渡してみましょう。

・安定した売上をつくる、コツコツタイプ

コツコツと関係性を積み上げ、時間はかかるものの安定した売上をつくれるメンバーには、短期的な目標ではなく、中長期的スパンで成果を評価するかたちが合っています。

同じ営業職だからと言って、まったく同じ接し方や目標設定をしては、彼らが本来持つ力を最大限発揮させることはできません。

個性に合ったやり方で働ける環境をつくれば、彼らはより主体的に動き、大きな成果を上げてくれるのです。

上司がすべきこととは、部下が得意なことをいかに発揮させられるかを考えること。

「この分野のスペシャリストはあなただね」

「こういう時は、あなたに任せるのが一番」

第三者からこんな風に感じてもらえる存在に部下がなってくれることは、人を教え、育てることの醍醐味なのです。

Mastery of Teaching

一流は、得意を生かせる環境を用意する

☑ 一人ひとりに合った環境を考える

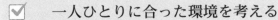

職場で見えない一面

三流は、自分のことばかり伝え、二流は、部下の趣味を知っていて、一流は、何を知っている？

先ほども少し触れたように、最近は、若い世代のなかで、仕事とプライベートをはっきり分けて考える人が増えていると言われています。

業務時間外の宴会に参加しない人も多く、人によっては、プライベートな質問をされたくないという場合もあります。

いい関係を築くために、もっと部下と会話をしたいと考える上司は多いでしょう。

しかし、「嫌がられるかもしれない」「聞かれたくないかもしれない」と遠慮し、自分のことばかりを話してしまう人をよく見かけます。

これは会話ではなく、自分語りです。

コミュニケーションにおいて大切なのは、**〝あなたに興味を持っていますよ〟**という意思を示すことです。

その第一歩は相手のことをたずねるところから始まります。

「あなたの趣味はなんですか」「あなたが今、熱中していることはなんですか」と、自分のことを聞かれたら、あなたもうれしく感じるのではないでしょうか。

まず、相手の好きなこと、興味関心があることを聞くことで、いい関係性を築けるようになっていきます。

ここでもう一歩、踏み込んだ関係性を築くための魔法の言葉をご紹介しましょう。

それは**「休日は何をしているの」**という質問。

この質問の回答や、その後のやり取りからは、その人の人となりを知ることができます。

「サッカーをしています」であれば、学生時代からやっているのかとか、好きな選手についてなど、相手の興味のある分野についてより詳しく話を聞くことができるでしょう。

「映画鑑賞」であれば、最近見た映画や、これまでで一番印象に残っている作品を聞いてみるのもいいでしょう。

ここからより深く相手を知るためには、「どんなところがいいの？」とか「最近のおすすめはなに？」と、会話のキャッチボールを意識した問いかけを行うことがポイントです。

ここで1つ、気を付けるべきことは、**相手の回答を決して否定しないこと。**「寝てます」と言われて、「そんな過ごし方もったいない……」と答えてしまったり、「推し活です」という回答に対し、「お金の無駄じゃない」と言ってしまったり、とにかく否定をしないようにしましょう。

このような反応をしてしまうと、部下は「せっかく話したのに……」とがっかりしてしまうでしょう。

もしも部下があなたからの質問に回答をしたくなさそうであれば、無理強いする必要はありません。体調や仕事の状況などについて短いキャッチボールをコツコツと続けることで、少しずつ関係性を深めていけるよう努めましょう。

Mastery of Teaching

一流は、「休みの日の過ごし方」を知っている

☑ 相手に興味を示すことから始める

部下の将来像

三流は、部下の欠点しか知らず、二流は、部下の目標を知っており、一流は、何を知っている？

上司に課せられている最大の任務は、部下を成長させること。

部下が将来、自社でどのようなポジションに就くことが求められているのか。どのような可能性があるのか。それを踏まえて、指導・教育していくことが必要です。

「計算が苦手だから、営業や経理には向かないな」「ガサツな面があるから、正確性を求められる仕事ではない方がいいだろう」といったネガティブな面から想像して、部下の将来像を決めるのはもってのほかです。

会社である以上、誰もがある程度の与えられた目標を持っています。

上司は部下の目標を把握するだけでなく、それがうまくいっているのか、引っかかっている点がないかといった進捗を確認することが求められています。

でも、ここまでの内容はすべて、会社目線です。

会社目線ではなく、部下目線から考えるとどうなるでしょうか。

仮に、あなたが出版社の営業職である場合を想定しましょう。

新入社員2人があなたの直属の部下になりました。あなたなら、彼らをどう育てますか。

一般的には営業職として活躍できるよう育てるのが正解でしょう。売上目標が達成できるよう、ノウハウを教え、進捗を管理します。営業職として追うべき数字や、気にかけるべきこと、取引先とのやり取りの機微を教えることでしょう。

では、2人のうち、1人は営業職としてキャリアを積んでいきたい人材で、もう1人は編集職を目指していた場合、それでも、同じ育て方をするでしょうか。

後者には、営業職を経験することで、書店・読者のニーズを把握でき、やがて編集職に就いた際、役立てることができるとか、流通経路を学ぶことで、業界全体の構図を知ることができて将来に生かすことができるといった、編集職のキャリアに役立つ点を強調した指導をしたほうがいいでしょう。

同じ業務をするにしても、その先に見ているものが異なれば、指導・教育の方法が変わるのは当然です。

もしも今、あなたが部下の将来像、キャリアビジョンを知らずに指導・教育をしているのであれば、一刻も早く、彼らと話をして、彼らの考えや思いを聞いてあげてください。

そして、そのうえで、彼らをどう指導・教育していくのかを考えてみてください。

仮に、キャリアビジョンのなかに〝転職〟がある場合、無理にそれを止める必要はないと私は考えています。

むしろ転職したいと考える理由を知ることで、自社で学べること、できることをより明確に定義し、伝えることができるのではないでしょうか。それが、ひいては転職を思い留まる理由になるかもしれません。

Mastery of Teaching

一流は、部下のキャリアビジョンを知っている

☑ 会社目線ではなく、部下目線で考える

Chapter 3

部下が自分で動く教え方

指示の伝え方

三流は、伝書鳩のように伝え、二流は、やることを明確に伝え、一流は、どう伝える？

あなたは、どのように部下に指示をしていますか。

ついついやってしまいがちなのは、自分の上司から言われたことをそのまま伝えてしまうパターンでしょう。

「売上の集計を出せと言われたから、やっておいて」というような伝え方では、ただの伝書鳩のように聞こえてしまいます。部下側からすれば、「この上司は必要かな……」と感じてしまうかもしれません。

ここでひと手間かけて、具体的にやることを分解して伝えることができている上司には、存在意義があります。

前述の売上の集計を指示する場合、「売上の集計をしてほしい。先週のエクセルデータから数字をまとめて、そのままマネージャー会議に提出できるよう、レポート形式で提出して」といった具合です。これにより、部下がすべきことが明確になる指示になります。

でも、やるべきことが明確な指示というのは、基本スキルです。

では、一流がしている理想的な指示の伝え方とはどのようなものなのか。

それは、**やるべきことに加え、部下がやりたいことを意識した指示の出し方**です。

前項でお伝えした、「一流は、部下のキャリアビジョンを知っている」につながる方法です。

もう一度、売上の集計を例に取りましょう。売上の集計をすること、エクセルをまとめて、レポート形式にすること。これらを伝えたうえで、さらにもう一言付け加えます。

例を次に紹介します。

・営業職としてのキャリアを積みたい部下

「エクセルの集計に慣れておくと、もう少し大きな商談をするようになった時に、提案用の見積もりをつくりやすくなるよ」

・事業推進のような部署を目指している部下

「レポート作成のスキルを磨いておくと、推進部門での業務に役立つよ」

日々の業務はさまざまな指示の積み重ねです。そして、極端に言えば、ささやかな小さなタスクの積み重ねで、業務は成立しています。

業務に慣れ、一つひとつを〝こなす〟ようになると、そこにある目的やビジョンが見えにくくなることもあるでしょう。

その状態が続けば、ただ、流れ作業のように業務に向き合うことになり、業務全体へのモチベーションの低下につながってしまいます。

小さなタスクにも、自身を成長させるヒントが含まれているということを、上司がしっかりと言葉にして伝える。それこそが、上司が持つべき本当のスキルです。

Mastery of Teaching

一流は、本人がやりたいことと結び付けて伝える

☑ 小さなタスクにもモチベーションを持ってもらう

説明の仕方

三流は、優しく伝えようとし、二流は、論理的に伝えようとし、一流は、どう伝える？

部下に新しい仕事を教える時、多くの場合はその概要を説明するシーンから始まります。

例えば、週に一度行う売上の集計という業務を例に取りましょう。

あなたならまず、どんな風に説明をするか、少し想像してみてください。

最近は「強く言ってハラスメントと言われるのが怖い」と考え、このように優しく声をかければいいと誤解している方もいるようです。

「毎週月曜の朝、売上の集計をしてください。多少ミスがあっても大丈夫だから、そんなに気負わずにやってね」

これは、本末転倒です。

ミスがあってもいいような業務では、部下は「じゃあ、その業務は必要ないのでは」と捉え、業務をおろそかにしてしまうリスクがあります。

何のためにこの業務があるのかを的確に説明することで、部下は業務の必要性・重要性が理解できます。

「毎週月曜の朝にやっている売上の集計をお願いします。これを見て、月曜11時からの営業会議が進行するので、時間までに仕上げてください」

このように、なぜこの時間なのかが明確になる点もいい説明の仕方だと言えるでしょう。

では、その先をいく一流はどう伝えるのか。

「毎週月曜の朝、売上の集計をしてください。11時からの営業会議の資料になるので、数字はしっかりチェックしましょう。

私が担当していた時は、始業後すぐに作業をし、10時には先輩にダブルチェックをしてもらっていました。そこでOKが出れば、データを営業課長にメールします。電車が遅れた時にはまず、先輩に連絡して、代わってもらったこともありましたよ」

一流のポイントは、**自分の経験を交えること**です。

実際にどんな風に業務を行っていたのかが分かれば、部下も自分がその業務に取り組むイメージを持ちやすくなります。

さらに、経験者だからこそ分かる〝相手はここが不安になるんじゃないか〟というポイントについてのフォローをし、部下のプレッシャーを和らげることもできます。

例えば、担当者がいない時はどうしていたかや、その日に他の業務が突発的に発生した時の対処法などは、まさに経験者だからこそ分かることですね。

時間厳守だと説明する二流に対し、仮に遅れた場合の対処法まで事前に説明できている点が、一流の回答の証です。

Mastery of Teaching

一流は、自分の経験を交えて、イメージを持てるように伝える

経験談によって、
プレッシャーも和らぐ

説明の回数

三流は、特に説明せず、
二流は、1回の説明で済ませて、
一流は、どう説明する？

説明をする際、あなたはどんなところに気を付けていますか。

「これをやっておいて」と説明もせずに言いっぱなしで済ませてしまえば、部下は「何を求められていて、どうすることが正解なのか」を理解できないまま、業務に着手する羽目になってしまいます。

さすがに説明なしという方はそれほど多くはないでしょう。新たな業務を任せる時には、まずやり方を説明しますよね。

しかし、説明は、1回伝えればそれでOKというわけではありません。

当たり前ですが、部下も1人の人間です。いくらメモをとっていても、1回聞いただけで、完璧にこなせる人はあまりいません。

山本五十六が語ったという言葉「やってみせ、言って聞かせて、させてみせ、ほめてやらねば、人は動かじ」をご存じでしょうか。

この言葉に、部下に説明をする時のヒントが隠されています。

初回の説明ではまず、自分がやってみせることで、求められているものの〝正解〟を伝えます。

例えば、「書類をつくる」という指示でも、アウトプットの形式がワードなのか、パワーポイントなのかといった、完成形のイメージを共有することが重要です。また、会社で定められたルールなどの基本的な事項を伝えることも欠かせません。

2回目の説明では、丁寧に〝言って聞かせる〟です。つまり、やり方を伝えるだけでなく、気を付けるべき点や勘違いしやすい点など、**ひっかかるポイントになりそうなところを詳しく説明することが大切です。**

「書類をつくる」場合、誤字脱字のチェックをするとか、前回のものをコピーして使う場合は日付や数字が更新されているかを確認するといったことですね。

そして**3回目の説明では、部下に実際に手を動かさせ、正しくできているかを確認しながら、さらにアドバイスを送ります。**「書類をつくる」手順をともになぞりながら、正しいアウトプットができているかのチェックをするというわけです。

先ほどもお伝えした通り、1回の説明で完璧にできる人はそれほど多くはありません。また、説明を聞いていた時には理解できたつもりでも、実際に手を動かしてみたらうまくできなかったという経験を持つ人も多いでしょう。

山本五十六が言うように、手本を見せ、アドバイスをし、実際にやらせてみるという3つのステップを踏むことで、正確に理解し、問題なく進められるようになるのです。

Mastery of Teaching

一流は、3ステップで説明する

☑ 1回の説明で理解させようとしない

報告の確認

三流は、思いつきで確認し、二流は、結果だけを確認し、一流は、どう確認する？

上司が部下に、「そう言えば、あの件はどうなった？」と聞くシーン。

職場ではよくある光景でしょう。しかし、上司が思い出した時に確認するというやり方は、適切ではありません。

部下からしたら、報告のタイミングが掴めず、意図せず不安や焦りを与えているかもしれないからです。

「いちいち途中経過を確認しなくても、できたか、できなかったかの報告だけ受ければいい」と考える方もいるかもしれません。

たしかに、結果がどうなったかを知っていれば、その後すべきことは明確になります。

進捗管理という点では、それでもいいのかもしれませんが、正しい確認の仕方かというと、少し疑問を感じますね。

報告の1つ目のポイントは、決まった時間での報告を習慣化することです。

「毎日17時から」「毎週金曜日の14時から」といったように、報告の時間をスケジューリングします。

これにより、部下は一定の間隔で、自身の業務を振り返ることができます。上司側も、確認すべきことや新たな指示をまとめる時間をとることができます。

2つ目のポイントは、確認の内容です。

「できているか、できていないか」「問題がないか、問題があるか」というようなYES／NO形式や、ある種、部下の主観に頼った報告では、本当にうまくいっているのかが確認できません。

重要なのは、**「数値」と「主観」という2つの角度からの確認**です。

まず、数値での確認。

例えば、「このタスクは全体を１００％とした時、今何％までできているのか」「売上目標に対し、今いくらまで達成できているのか」といった数値で示すことができる確認を指します。

客観的にタスクの状況を把握できるため、上司にとっても部下にとっても、現状を把握しやすい報告の仕方です。

ただ、すべてを数値だけで判断することはできません。そこで欠かせないのが「主観的」な確認です。

数値では表せないもの、例えば「うまくいっている実感があるのか」「きちんと進捗しているものの、気にかかっている点はないか」といった主観的な報告がこれに当たります。

これには、部下の課題を把握するという目的もあります。

数値上は問題がなくても、〝気持ちのうえで〟の部分を把握できていなければ、一流の確認とは言えないのです。

Mastery of Teaching

一流は、時間を決めて、「数値」と「主観」を確認する

途中経過をふくめて、
部下の気持ちを把握する

仕事の見える化

三流は、とりあえず書いてもらい、二流は、期限まで把握し、一流は、どうする？

社会人に欠かせないスキルの1つがタスク管理、つまりやるべきことの見える化です。

上司として、特に同じチームで業務をする部下には、タスク管理をしてもらう必要があります。

まず何が手元にあるのかをはっきりさせるため、メモや付箋に書かせるという方法があります。しかし、これだけではやるべきことを〝いつ〟やるのかが分かりません。

タスク管理で重要なのは、やることとその期限を明確にしておくことです。

人によっては、エクセルなどのツールを使い、部下にToDoリストをつくってもらっている場合があります。これは更新もしやすく、ベターな管理方法かもしれません。

しかし、それだけでは、期限の早いものからやることになってしまったり、一つひとつのタスクの粒度が見えづらかったりと、まだまだ改善の余地がありそうです。

そこで上司がやるべきこととして推奨したいのが、**タスク管理をしやすい専用のフォーマットを用意すること。**これはエクセルのテンプレートでも構いませんし、無料のスケジュール管理ツールなどでもいいでしょう。

フォーマットに入れる項目は、**やるべきことと期限に加え、そのタスクにかかる想定時間、そして重要度と緊急度のスコア**です。

やるべきことのなかには、メールの返信をするとか電話をかけるといった数分で済むようなものもあれば、提案書をつくるとか、新たなサービスのアイデアをブラッシュアップするといった数日、もしくはもっと長い時間を必要とするものもあります。

それらをすべて〝1つのタスク〟として管理するのでは、あまりにも乱暴ですよね。

一つひとつのタスクの粒度を明確にすることで、期限までにかけるべき、あるいはかけられる時間が見えてきます。

もう1つ、重要度と緊急度のスコアも重要な指標です。

例えば、同じメールの返信でも、届いたメールにYES／NOを返すだけのものと、こちらのミスで大きなトラブルになっている案件への謝罪のメールでは、重要度も緊急度も大きく違ってきます。

このように、一つひとつの重要度と緊急度をはっきりとしておくことで、重要なタスクの見逃しを防ぎ、適切な優先順位に基づいて、業務を進めることが可能になります。

最後にもう1つ。このようにしてまとめたフォーマットを、部下に日々携帯させることも重要です。

いつどこでも確認ができてこそのタスク管理。この習慣をつけた部下はやがて一人立ちした際にも、しっかりとタスクの優先順位をつけられる社会人になっていることでしょう。

Mastery of Teaching

一流は、
「やるべきこと」「期限」
「想定時間」「重要度×緊急度」
をまとめてもらう

☑ 携帯することで、部下は自然と
優先順位がつけられるように

期限の決め方

三流は、「なるはや」でやらせ、二流は、期限通りにやらせ、一流は、どうする?

すべての業務には期限があります。それを適切に指示することも上司の大切な役目です。では、期限はどのように決めるべきなのでしょうか。

何だって「なるはや」で終わらせるのが一番でしょう。しかし、すべてが「なるはや」では、本来あるはずの優先順位も無茶苦茶になります。

部下の業務量を踏まえて、一つひとつの業務に期限を決めるのは、当然のことと言えるでしょう。

「タスクは期限通りに」という管理も、間違いではありませんが、これではまだベストとは言えません。

以前、こんな話を聞きました。

部下に翌週の月曜に提出するよう指示を出したら、本当に月曜日に提出してきたと、ある部署の上席が激怒していたというのです。

期限通りなのですから、なぜ怒る必要があるのか、と思うかもしれません。

よくよく話を聞いてみると、その方は月曜日を完成形の最終提出日と認識しており、前週の水曜くらいには、一度部下から上司に提出し、何度かやり取りをするものだと思っていたというのです。

これは、完全なコミュニケーションミスであり、上席の頭のなかで描いていたスケジュールを部下に的確に指示できていなかった例です。

業務を期限通りに〝やる〟のは、時に正解ではないのです。

本来、業務は期限通りに〝完了する〟必要があります。

部下から上司へ完了報告や何かしらの提出をしたとしても、それが〝一発ＯＫ〟となる可能性が低いのであれば、期限通りではダメなのです。

そして、これは部下の問題ではなく、上司の指示に問題があります。

期限を決める際は、業務を期限内に完了させることを念頭に置き、**提出後のすり合わせも踏まえた期限を示すのが一流のやり方です。**

その1つの目安は、期限の**「1営業日前の正午」**までを締め切りとすること。このスケジュール感であれば、前日の午後、やり直しをする時間が持てます。

ポイントは、先ほどの例にもあるように、きちんと上司の意図を部下に伝える必要があることです。

部下が「期限はこの日なのに、なぜいつも前日に出せというんだ……」とストレスを感じないためにも、「会話のキャッチボールができる時間の確保」という意図を伝えてください。

業務は〝完了〟してこそのものだという認識のすり合わせを行うことを、忘れないようにしましょう。

Mastery of Teaching

一流は、期限の「1営業日前の正午」を締め切りにする

☑ すり合わせの時間を事前に確保する

スピードの指示

三流は、丁寧過ぎて遅く、二流は、雑で速く、一流は、どうする？

業務を管理するには、時間の把握も必要です。

時に、丁寧さを追求するあまり、とても長い時間をかけて業務を進めてしまう部下がいます。

このような場合に、上司もそれに賛同し、丁寧さを求めすぎては、スムーズに進みません。

一方で、とにかく業務を速くこなすことを求める上司もいます。

〝何でもいいから速く〟という方針では、一つひとつの業務のクオリティが下がり、よい結果を生み出すことは難しいでしょう。全体的に見れば、速さだけでは足りません。

「仕事の見える化」の項でもお伝えしたように、1つの業務には重要度と緊急度という指標があります。

時間の管理に置き換えると、緊急度が高い場合、速く進めることが必要なタスクだということになります。重要度が高い場合、速度よりは中身のクオリティが肝となるでしょう。

部下に業務を任せる場合、まずやることは、**その業務における重要度と緊急度をすり合わせること**。

上司側が求めているスピードと質はどの程度なのかを伝え、部下が考えているスピードと質との妥協点を話し合うのです。

私が以前、中国で働いていた際に聞いたエピソードをご紹介します。

ある日本人が交渉のため、中国のとある工場を訪れたところ、社長は不在でした。そこで秘書に「いつお帰りになりますか」と聞いたところ、「すぐに」と言われたため、そのまま待たせてもらうことにしたそうです。

ところが待てども待てども社長は帰ってきません。結局、数日後に社長が帰ってきたという笑い話です。

中国は土地が広く、日本人と比べ、時間の感覚がゆったりしているということを伝えるエピソードとして、しばしば耳にしました。

この話には1つの教訓があります。

それは「すぐに」の感覚が双方で大きく異なっていたということ。「すぐに」がいつなのか、きちんとすり合わせができていれば、このような話は生まれなかったでしょう。

このエピソードは少し極端ではありますが、上司が部下に業務を指示する場合も同じことが言えます。

スピードと質のすり合わせがしっかりとなされていることが重要であることはお分かりいただけたのではないでしょうか。

スピードをすり合わせる際は、上司側が求める納期などのデッドラインと、部下の過去の実績から考えられる所要時間を比べ、妥当なラインを見つける方法がいいでしょう。質のすり合わせは、できれば過去の成果物を見せるのがよいでしょう。もしも成果物がない場合、近しい資料など、過去にＯＫが出ているものを見せ、参考にさせてみてください。

Mastery of Teaching

一流は、スピードと質の妥協点を話し合う

どちらか一方では成果は出せない

ゴール設定

三流は、部下のゴールを自分が決め、二流は、部下に決めさせ、一流は、どう決める？

部下を指導・教育する際、決して忘れてはいけないのが、ゴール設定です。上司が部下に「これがゴールだ」と示すことは簡単かもしれません。しかし、それでは主体性のない〝クローン〟ができるだけです。

かと言って、部下が決めた目標を１００％受け入れるのも考えものです。その目標は高過ぎないか、あるいは低すぎないか、企業が求める方向と合っているのか、その目標を達成した時、どんな人材になっているのか、なっているべきなのか。

部下が自分の物差しで決めたゴールだけでは、本来の意図に沿わない結果になってしまうこともあります。

重要なのは、部下自身にゴールを考えさせたうえで、上司が会社と部下の目線を合わせる調整役を務めることです。

部下が考えたゴールが適切な難易度なのか。短期的な目線だけでなく、中長期的な成長につながるゴールになっているか。

これらはどちらかと言えば、部下視点で考えるべき項目です。

そこに加えて、企業視点で、自社のビジョンに合っているか、チームとして向かうべき方向に即したゴールなのかといったことを示すのが、上司の重要な役割です。

例として、ゴール設定の際の確認事項を挙げます。

もちろん職種や業種などで大きく異なることもありますので、ご自身の状況に照らし合わせて考えてみてください。

【ゴール設定の際に確認することの例】

・部下が設定したゴールは会社の求めるゴールと一致しているか

・ゴールが達成されたかどうかを確認できる内容か
・目に見える数値での目標設定ができているか
・数値での設定が難しい場合、定性的な目標は可視化できるか
・前年や前期と比較し、成長が感じられる設定になっているか
・他のメンバーと比べ、設定が著しく高かったり、低かったりしていないか
・このゴールが達成された場合、次にどんなビジョンを描けるか
・仮にゴールが予想よりも早く達成できた場合、目標を調整できるか、あるいはさらに上を目指すことができるような設定になっているか

こうした的確な調整ができてこそ、正しいゴール設定が可能になります。

Mastery of Teaching

一流は、部下が考えた後に、目線を合わせる

☑ さまざまな視点から、一緒に調整をする

メール対応

三流は、「お手隙で」、
二流は、「なるべく早く」、
一流は、どう依頼するよう教える？

朝はまずメールチェックから始めるという人も多いでしょう。

特に、社会人になりたての部下を持つ場合、メール対応の正解を教える必要があります。

「お手隙で」と依頼してしまうと、相手はどの状況が〝手がすいている〟のか判断ができず、後回しになってしまうでしょう。

だからと言って、すべてのメールへの対応を「なるべく早く」と依頼するのも問題です。

何度もお伝えしている通り、業務には期限や、重要度、緊急度といった指標があるもの。

メールの対応と一言で言っても、本当に〝今すぐ〟が必要なものと、そうではないものがあるはずです。

後者のように、今すぐではなくてよいものの、対応してほしいメールは、どのように依頼するのがいいのでしょうか。

後回しになり、返信を忘れるといったことを減らすためにも、時間的制限を設けることをおすすめします。

特に、社会人になりたての新入社員や若手社員に対しては、**依頼時に制限を設ける習慣がついているか**確認することが必要です。

では、どのような制限が適しているのでしょうか。

明確かつシンプルな制限が、「今日の終業時間までに」です。

時間的な余裕を持たせ、相手側にタイミングのコントロールを任せることができるという点も、この制限の利点の1つでしょう。

また、「お手隙で」や「なるべく早く」のような主観に頼る制限ではないというところもポイントです。

〝手がすいている〟かどうかの感覚は、人それぞれ。

手元の業務がすべて片付いたらと考える人と、ある業務に取り組んでいる時間のリフレッシュにと考える人では、実際にメールに対応できる時間に大きな差が生まれます。

また、「なるべく早く」の〝早く〟が当日中の人もいれば、もしかすると、1週間以内なら〝早い〟と捉える人もいるかもしれません。

これも、メール対応への時間が大きく変わってきますね。

しかし、「今日の終業時間までに」であれば、改めて認識のすり合わせをしなくても、同じ時間を想像することができるわけです。この依頼のやり方を、ぜひ教えてみてください。

この「今日の終業時間までに」という基準は、「返信期限の基準」としても部下に教えられます。

翌営業日に持ち越さないことで、対応漏れを防ぐ、メール相手への心象をよくするといったメリットも伝えてみてください。

Mastery of Teaching

一流は、「今日の終業時間までに」を基準にする

確実に認識が揃う言い方で伝える

時間軸の把握

三流は、定刻で来ているか確認し、
二流は、残業時間を把握しており、
一流は、何を知っている？

部下育成をするうえで、部下の時間軸を把握しておくことも大切です。


仕事において、遅刻をしないのは当たり前のこと。

定刻で会議に参加しているのか、遅刻していないかは把握しておくことが必要です。

もちろん、会議に決められた時間に参加することは当然ですが、部下がその会議のため、他の業務を止めてしまっては本末転倒。

業務負担が多くないか、うまく進んでいない業務がないかを確認するには、どれくらい残業しているのかという時間軸も見ておく必要があります。


遅刻をしていないか、どれくらい残業しているか。

会社における時間軸の把握としては、この2つが大きな指標になると言えるでしょう。

では、一流はさらに何を知っているのでしょうか。

残業については、繁忙期や緊急事態が起こることも考えると、ある程度はやむを得ないものであると考えることもできます。

しかし、本当に重要なのは、週単位や月単位でどれくらい残業しているのか、つまり残業時間がどれくらいあるのかではありません。

「そもそも今日、部下が残業可能なのかどうか、可能だとしたら何時までなのか」なのです。

以前、知人からこんな話を聞きました。

知人の職場では残業をするのが当たり前という風習が広まっていて、定時には帰りづらい雰囲気だったそうです。

メンバーにもそれぞれ用事があります。定時に帰らなければいけない日には、朝から「今日は19時から約束があるので」とか「今日はどうしても参加しなければいけない会があって」などと、本人曰く「言い訳がましく」部署のメンバーに声をかけていました。

しかしある時、全社でスケジュール管理をするためのWeb上のカレンダーが導入されたことにより、それぞれのメンバーが残業できない日には「スケジュールあり」と記載するようになったそうです。

これを見た他のメンバーは、そのことを一目で把握できるため、業務の調整が進みました。現在では多くの人が残業をしなくても、業務が円滑に回るようになったと知人は話しています。


大切なことは、本人にも他者にも気を遣わせることなく、希望の時間に帰宅できること。つまり、**一流の上司は、部下の「帰宅希望時間」を把握しているのです。**

その日の仕事が円滑に進むだけでなく、部下に無理な仕事を任せることも減り、結果として、お互いの関係もよくなっていきます。

ぜひ、あなたの職場でも部下の「帰宅希望時間」を把握できる仕組みをつくってみてください。

Mastery of Teaching

一流は、部下の帰宅希望時間を知っている

今日は何時に帰る予定なのか、
把握できる仕組みをつくる

教え方のペース

三流は、自分のペースで進め、
二流は、相手の顔色を窺い、
一流は、どうする？

人と話をする際、話を進めるペースについて、意識をしているでしょうか。

実は、一流は、意図的にペースをコントロールしています。


人の話を聞いている時、「まだ理解が追い付いていないな」とか「これはどういう意味だろう」とふと、考え込んでしまう時はありませんか。

気心の知れた相手であれば、話を遮ることもできますが、部下が上司に対して「ちょっと待ってください」と声を上げるのは、なかなか難しいでしょう。


話をする側は頭のなかで整理ができているので、つい自分のペースで話を進めがちです。

重要なのは、相手のペースに合わせて話すこと。これに異論はないでしょう。

では、一流と二流を分けるのは何なのか。それは、**なぜ相手のペースに合わせているのか**という点です。

〝こう話すと相手はどう思うかな〟とか〝相手は今、何を考えているのか〟と相手を探るために、ペースを配分するのでは、まだ二流だと言わざるを得ません。

では、一流は何のために、相手のペースに合わせて話を進めるのでしょうか。

上司と部下のコミュニケーションにおいて、お互いが心地よく会話を進めることができ、共通の理解ができる状態をつくり出すことは、やがて信頼につながります。

「何の話をしているのかよく分からないけど、まぁ聞いておこう」と部下に感じさせてしまうような自分本位のペースでは意味がないことは言わずもがなですね。

上司が「部下はどう思っているんだろうか」とオドオドと部下の出方を探るようなコミュニケーションをしている段階でも、お互いに信頼できているとは言い難いでしょう。

上司と部下は〝上下〟関係ではありません。

対等な人と人との関係を築くためには、丁寧なコミュニケーションが欠かせません。

では、相手のペースに合わせて話すにはどのような点に気を付けるべきか。

それは、**相手の様子をよく観察する**ことに尽きます。

表情や手の動きなど、相手が発するさまざまなシグナルをしっかりと見て、理解ができているのか、納得できているのかを確認してみてください。

もしも首をかしげていれば、もう一度内容をかみ砕いて丁寧に説明をするといったことができるでしょう。

つねに相手のことを考え、良好な関係性を築きたいという思いを言葉で発信していくことこそが、信頼を得るための第一歩となるのです。

そのためのペースであること。これをつねに念頭に置いたコミュニケーションをとることを心がけることで、「また話したい」相手になる道が開けるでしょう。

Mastery of Teaching

一流は、信頼を得るために、相手のペースに合わせて話す

☑ 意図的にペース配分をする

会話中の語尾

三流は、「たぶん〜だと思うよ」と言い、二流は、「そうですよね」と同意し、一流は、どうする?

あなたは、会話をする際、語尾に気を付けていますか。

ささいなことに思えるかもしれませんが、この「語尾」によって、教えている時の印象は大きく変わります。

会話が積み重なるころには、語尾は、その人の在り方を示すものにもなり得るのです。

部下から、何かを聞かれるシーンは多いでしょう。

「この書類はこれで合っていますか」という実務上の確認から、「こういう考え方で進めて問題ないですか」というような業務の決定事項まで、上司である人はさまざまな物事に回答をする必要があります。

その際、「たぶん〜だと思うよ」といった曖昧な表現ばかりで回答していれば、部下は

「この人は何も決めてくれないな」「責任を取りたくないのかな」といったネガティブな印象を持ちかねません。

かと言って、「そうですよね」と言葉の上だけで同意すればよいというものでもありません。

上司が、適当な相づちを打ってばかりいては、これもまた、〝判断のできない上司〟というレッテルを貼られてしまいます。

一流の場合、意識的に語尾をはっきりとさせています。できる限り、「〜です」と言い切るのです。

自分が主張すべき、あるいは決断すべきことに対し、責任を持つという意味でも、きちんと言い切ることを意識してみてください。

では、上司であるあなたと、部下の意見が異なる時はどうすべきでしょうか。

まず、部下が納得するまで対話をすることをおすすめします。

曖昧な回答ではなく、適当な同意でもなく、正しいものを明確に伝える。
そのうえで、部下の納得を引き出すところまでが、上司と部下のコミュニケーションなのです。

上司と部下、それはあくまでも組織における役割です。人と人として、対等で心地よい関係性を築くためには、お互いに信頼できる存在にならなければなりません。

そのためのコミュニケーションは、一つひとつは小さなものであっても、日々の積み重ねにより、その人を示す指標の1つになるのです。
「語尾までいちいち考えて話さなければいけないのか」とも思うかもしれません。ですが、小さなことだからこそ、積み重なった時の効果は大きいです。ぜひ改めて、相手の立場に立った丁寧なコミュニケーションを心がけましょう。

Mastery of Teaching

一流は、「〜です」と言い切り、相手が納得するまで対話する

☑ ささいなことで、
ネガティブな印象をつくらない

信用を得る見た目

三流は、安物にこだわり、二流は、流行にこだわり、一流は、何にこだわる？

人は見た目が重要です。

そう言うと、ルッキズムだとか、「中身を見ろ」といった議論を持ち出す方もいらっしゃるかもしれません。

ここで言う見た目とは、かっこいいとかきれいだとかではなく、人として信用ができる見た目かどうかということを指しています。

見た目は人から信用を得るための、大きな要素なのです。

つまり、**教え方・伝えている内容が同じでも、あなたの見た目によって、部下が受ける印象は大きく変わるということです。**

特に、出会ってまもない部下は、あなたの仕事ぶりがどうか、どのような人となりなのかを知るすべはありません。

第一印象、まさに見た目があなたの印象を決める要素となるのです。

いくらあなたが気に入っていたとしても、安物でぺらっぺらの鞄や靴では、相手に上司として認めてもらうことは難しいでしょう。

では、トレンドをふんだんに取り入れたファッションがふさわしいかと言うと、それも時と場合によりけりです。

TPOにふさわしくなかったり、過度にファッショナブルだったりすることで、相手によくない印象を与えてしまう可能性もあるのです。

社会人としての見た目という点で、何よりも重視すべきは**清潔感**です。

高いか安いか、新しいか古いかではなく、清潔であるかを基準に、身に着けるものをつねに確認しましょう。具体的には、次のようなチェックリストを用意し、毎日自分自身で見返してみてください。

・スーツやシャツにしわができていないか
・靴はきちんと磨かれているか
・髪型はスッキリしているか

すごく単純な質問をします。

目の前に2人の上司がいます。1人はアイロンの行き届いたスーツを着て、磨き上げられた足馴染みのよさそうな靴を履いています。

もう1人はぼさぼさの髪に、しわくちゃのシャツ、足元は汚れのついたスニーカーだとします。

この2人のいずれかを上司として選べるのであれば、あなたはどちらを選びますか。

おそらく前者を選ぶのではないでしょうか。部下の立場になって考えれば、見た目の印象のいい上司を選ぶのは当然。

仮にふたを開けてみたら、後者の上司の方が抜群に優秀だったとしても、前情報なしの状態では、見た目しか選択・判断をする要素はないのです。

Mastery of Teaching

一流は、清潔感にこだわる

☑ まず見た目で上司として認めてもらう

Chapter 4

やる気の高め方・評価の仕方

モチベーション

三流は、「週末に向かって」と励まし、二流は、「ボーナスのため」と励まし、一流は、どうする？

仕事には、時につらいことや、やりたくないこともあります。
そんな時、部下のモチベーションを高められる上司は一流です。
では、部下が頑張る動機はそもそも何なのでしょうか。

よく聞くのが「週末に向かって頑張ろう」という言葉です。
しかし、これでは月曜から金曜が苦行のようでもありますね。

「ボーナスをもらうために頑張ろう」というのは、頑張りに応じた報酬となるため、一見いい動機付けのように思えます。
しかし、これが逆効果になる場合もあります。

頑張ろうという動機付けの対価として報酬を与えることにより、やがてその目的が「報酬をもらうこと」になってしまうのです。

専門用語では「アンダーマイニング効果」と呼ばれています。

では、部下は一体何のために頑張っているのでしょうか。

一流はそれを部下に問います。

自分は何のために頑張っているのか、自分が頑張ったら誰が喜んでくれるのかを、部下自身が考えることが大切です。

それは真のモチベーションとなり、部下の成長をサポートしてくれます。

家族やパートナーのためと答える人もいれば、お金のため、趣味のため、自分のためという人もいるでしょう。

本来、人が頑張るモチベーションになるものは、さまざまであって当然です。

休日やボーナスがモチベーションになる人ももちろんいますが、そうではない価値観もあるということをまずは知っておきましょう。

ここで1つ注意点があります。それは**部下のモチベーションが何であれ、それを否定しないことです。**

以前、ある若手社員がこんな話をしてくれました。

彼女のモチベーションは、大好きなアーティストの応援を続けることです。それを直属の先輩に話したところ、「社会人になってまでそんなものを応援していないで、家族のためとか、もっと身近な人のことを考えたらどうか」と言われたそう。

それまで彼女はこの先輩を見習って、「早くバリバリ仕事ができるようになりたい」と話していたのですが、このことをきっかけに、先輩と距離を置くようになり、「仕事が楽しくなくなってしまった」と言います。

現代は「多様性の時代」と言われています。言葉では多様性と言いつつも、「〇〇らしさ」や「●●なんだから、こうすべきだ」という考えに囚われてしまうことも仕方がないことなのかもしれません。しかし、だからこそ、改めて多様性とは何かを考え、部下のモチベーションを否定しないことを心がけていきましょう。

Mastery of Teaching

一流は、「何のために頑張るのか」を部下に聞く

部下のモチベーションを
決して否定しない

ほめ方

三流は、仕事と関係のないことをほめ、二流は、仕事での行動をほめ、一流は、何をほめる？

ほめられて、嫌な気持ちになる人は少ないでしょう。

上司と部下も、いい関係性を築くために、「ほめ」は重要です。

ほめ方には細心の注意を払う必要があります。

「素敵なスーツだね」「今日の髪型、かっこいいね」

このようなほめ言葉もダメではありませんが、上司が部下に伝えるメッセージとしてふさわしいかと言うと、少し疑問です。

「この提案書はうまくできているね」「さっきのアポの話の進め方、とてもよかったよ」

このような言葉は、上司が部下に伝えるメッセージとしては、適しています。

でも、これだけでは〝今どき〟の若者たちを満足させることはできません。

前述しましたが、今の若い世代は「承認欲求」が強い世代だと言われます。若者と関係性を築くうえでは、1つのキーワードであることは間違いないでしょう。

「さっきのアポの話の進め方、とてもよかったよ」は、あくまでも部下の仕事での行動をほめています。

そこから一歩踏み込んで、「さっきのアポは、あなたがいてくれて助かったよ」「あなたがいたからこそ、アポがうまくいったんだよ」というように、部下の存在を認める言葉選びができれば、なおよいでしょう。

彼らの存在を認める言葉をかけることが、承認欲求を満たすヒントなのです。

ほめる時は一つひとつの行動ではなく、彼らの存在そのものを認めて、ほめる。

このことを意識するだけで、上司側の視点も大きく変わるはずです。

とは言え、ここにも注意点があります。

何でもかんでも部下の存在を認めて、ほめればよいというわけではありません。

最近の若者は、非常に現実的な考え方を持っています。

ほめ方が不自然だったり、明らかにとってつけたようなほめ言葉だったりしては、彼らの気持ちが冷めていくことは容易に想像できるでしょう。

本当は読んでもいない資料を「よくできていたね」とほめたところで、「どこがよかったですか」と聞かれて、墓穴を掘るのは目に見えています。

ほめるためには、相手をよく知り、よく見ることが重要です。

上司のほめ言葉が適切かどうかは、上司が部下をどれくらいしっかりと見ているかを示すバロメーターにもなるのです。

Mastery of Teaching

一流は、存在を認める

☑ 表面的なほめ方は逆効果

自己肯定感

三流は、「頑張れ」と励まし、二流は、成功体験を積ませようとし、一流は、どうする？

モチベーションと同時に、上司が高めたいものに部下の「自己肯定感」があります。

自己肯定感が下がると、人の目や評価が気になったり、ネガティブになったりしがちです。

部下の存在を認め、気持ちを鼓舞するために「頑張れ」という言葉を多用する方がいます。これが悪いわけではありません。

ただ、**多くの場合、部下はすでに〝頑張っている〟でしょうし、そもそも何のために頑張るのかが伝わってきません。**

自己肯定感を高める方法の1つに、成功体験を積ませるというものがあります。

うまくいった経験が増えれば、知識や能力も増え、積極的にチャレンジする気持ちを高められるというわけです。

たしかにこれも一理ありますが、自分のなかで経験したことを昇華する場がなければ、それはただの〝いい思い出〟になってしまう可能性もあります。

一流を目指すのであれば、せっかくならば、その成功体験の効果をより発揮させる方法をマスターしてみてはいかがでしょうか。

そのヒントは、**「アウトプット」**です。

人は何かを習得できたかどうかを確認するために、他者に教えてみるといいということを聞いたことはありませんか。

例えば、書類の書き方。上司から話を聞いた際は理解できていたものの、自分でやってみようとしたら、疑問が湧いてきてうまく進まなかった経験がある人は、多いのではないでしょうか。

上司から共有された目標などを、いざ自分の言葉で他の人に伝えてみると、思いのほか分かっていなかったことに気付いたり、質問にうまく答えられなかったりしたということもあるでしょう。

人は、自分の言葉でアウトプットすることで、学んだことへの理解をより深めたり、物事をより客観的に、より深く認識したりすることができます。

せっかくの成功体験、他者に話してみたら、さらに自己肯定感の向上につながるのではないか、そんな風に考えてみてください。

部下にもぜひ、今回うまくいったことを積極的に言葉にして報告をさせましょう。

例えば、部下が目標数値を達成した場合、どのような取り組みや工夫をしたのかを、周囲に共有してもらうよう伝えてみてください。

そのなかから、改善点や理解しきれていない部分を、部下が発見できるかもしれません。

そして何より、そこから新しいアイデアが生まれる可能性も秘めているのです。

Mastery of Teaching

一流は、「うまくいったこと」を自分で話させる

☑ 自己肯定感が上がるだけでなく、今後のヒントも見つかる

評価の基準

三流は、人と比較し、
二流は、過去と比較し、
一流は、何と比較する？

人材育成において、非常に重要なのが、きちんと成果が出ているかを確認する「フォローアップ」です。

評価をつける際、もっともありがちなのはチーム内のメンバー同士を比較し、こちらはA、こちらはBというように優劣をつけるやり方です。

比較の基準を明確にルール化できていない場合、このやり方では上司の〝主観〟に頼ることになります。

比較の基準として分かりやすいものに、前年や前期の状況と比較をするやり方もあります。去年は予算達成率80％だったのが、今年は１００％になったから成長している、というように、過去の本人と今の本人を比べる方法です。

このやり方の場合、比較の基準は過去の自分を超えられたかどうかであり、上司側からすると、評価をつけやすいというメリットがあります。

では仮に、今年100％の目標達成だった部下に、あなたは来年、どんな目標を求めますか。

100％維持では成長とは言えないかもしれません。

では、120％、150％は現実的ですか。

現在、年々数字に見えるかたちで成長を続けられる事業はそう多くないでしょう。

一生懸命頑張って100％を達成した部下も、「次は120％、その次は150％」では気持ちが続きません。

そこで取り入れたい評価の基準が、**未来との比較、つまり在りたい姿やビジョンに対し、どこまで近づけているのかというものです。**

例えば、「1億円プレイヤーになりたい」という目標を持つ部下の場合、何年後にそうなるのかを設定します。

今年はいくら、来年はいくらと計画を立てて、何年後に1億円になるという計画をさらに立てます。その計画にそって、評価をしていくのです。

上司側、部下側それぞれに、このやり方のメリットがあります。

上司側のメリットは、ともに立てた計画にそって評価できるので、ブレが少ないということです。

もちろん企業の業績などに左右されることはありますが、主観的な判断を減らすという点では、理にかなっているでしょう。

一方、**部下側は自分のキャリアビジョン達成に向けた働き方を意識して、取り組みを進められる**という点がメリットです。

会社軸ではなく、自分軸で評価されることは、モチベーションの維持・向上にもつながります。

Mastery of Teaching

一流は、未来と比較する

部下のモチベーションにつなげることもできる

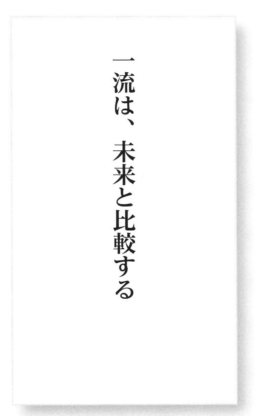

評価すること

三流は、「しっかりやれ」としか言わず、二流は、結果を伝え、一流は、何を伝える？

会社規模でのフィードバックの機会、それはボーナスの査定や昇進といった評価の場です。

部下の成長を測るこの場は、上司と部下、お互いにとって非常に重要なものです。

そこで、きちんと評価もせず、「しっかりやれ」と抽象的な言葉で済ませてしまっては、部下は「何を？」「今のやり方ではダメなの？」と混乱するばかりです。

その評価になったのには、明確な理由があるはずです。

評価された点、つまり「できていたこと」と、評価が下がった点、つまり「できていなかったこと」を言語化し、部下に伝えることで、部下は次にどのような点を改善すれば、評価が好転するのかを知ることができます。

例えば、営業職の場合。

「訪問・アポイントの件数は目標を達成できているので、評価に値する。一方で、売上額は目標に足りていなかったので、評価が下がった」、このように考えるのは非常に明確な評価です。

しかし、少し足りていない部分があります。

それはこの評価が結果しか見ていないところです。

会社規模での評価は結果、特に数値的な結果が大きな指標となります。

しかし、直属の上司と部下の場合、結果だけの評価ではなく、キャリアビジョンにそった評価が必要です。

そのポイントとなるのが、**プロセスに対する評価です。**

前述の営業職の場合、「訪問・アポイント数を増やすために、積極的に新規顧客へのアプローチができていた」とか、「訪問先企業の課題を的確にヒアリングできたことで、次のアポ獲得の確度を高められていた」というように、結果を出すためのプロセスがあるはず。

直属の上司だからこそ見えているプロセスを評価することで、部下のモチベーションを高めることができます。

もちろん、「できていなかったこと」に対しても、同じことが言えます。

例えば、せっかく多くのアポイントを獲得できているのに、売上目標の達成につながらなかった場合。ここではまず、部下自身にその原因を考えてもらいましょう。

部下自身が考え、言語化することで、より精度の高い改善案を生み出すことにつながります。また、自身で考えたものであれば、部下も責任感を持って、取り組みを進めることができるでしょう。

そのうえで、上司として改善策の目線合わせをし、正しい方向性へ導く努力をする。

これが正しい評価の仕方です。

Mastery of Teaching

一流は、「プロセス」に対する評価を伝える

上司と部下の場合、
「結果」だけでは足りない

ミスが起こった時

三流は、人格を否定し、二流は、過去の失敗例を持ち出し、一流は、どうする？

職場でのパワハラ、つまり権力を利用したハラスメントは、決して許されるものではありません。ミスをした部下を注意する際、罵詈雑言や「だからお前はダメなんだ」といった人格を否定する発言をすることは、あってはなりません。

とはいえ、ハラスメントだと言われることを恐れて、注意をしないわけにもいきません。

人によっては、「以前にも同じことがあった」「あの時も同じミスをした」というように、過去の部下の失敗例を持ち出し、改めて注意喚起するというやり方をとる場合もあります。

しかし、今回注意すべきこととは異なるものを持ち出すのは、ベターとは言えないでしょう。

人は誰しも、ミスをするものです。

大切なのは、ミスをどうリカバーし、よりよい方向に導けるかということなのです。

そして**上司と部下の間で、ミスを報告しやすい、注意をしやすい関係性をつくっておく**ことも重要です。部下側から考えると、ミスを報告するたびに過去を持ち出し、注意をするような上司とは、あまり関わりたくないものです。では、どんな上司なら、ミスを報告しやすく、注意やアドバイスを素直に聞くことができるでしょうか。

ポイントは「自分の失敗談」を入れることです。例を挙げてみましょう。

〈部下からの報告〉

「A社への発注個数を間違えてしまいました。申し訳ありません」

〈上司の返し〉

・**確認（叱責はしない）**

「そうですか、分かりました」

・**フォローをしたかの確認（先方への謝罪、訂正）**

「もうA社へは連絡しましたか。謝罪をして、正しい個数を届けてもらいましょう」

・**フォローが間に合わない場合の対処法**

「もしも間に合わない場合はもう一度教えてください。その時は一緒に謝罪に行き、報告書をつくって、上司に提出しましょう」

事実を受け止め、その後の指示を出す。ここまでは多くの人が自然にやっていることでしょう。ここからが、よりミスを報告しやすい関係性をつくるポイントです。

・**自分の失敗談**

「私もかつて、同じようなミスをしたことがあります。A社への発注を1桁間違えて、あちこちに謝罪に行きました」

・**失敗がいい経験になったこと**

「でも、その時の謝罪行脚がきっかけで、先方の上席の方ともお話ができるようになり、結果的にいい経験になったので、○○さんも大丈夫。うまくいきますよ」

このように自分の失敗談を伝えることで、部下の不安な気持ちを軽減し、「上司も人なんだな……」と少し親近感を抱いてもらえるようなフォローをしてみてください。

Mastery of Teaching

一流は、自分の失敗談を話す

☑ 指示出しと合わせて、
部下の不安を軽くする

指摘する時

三流は、不満を爆発させ、二流は、感情を我慢し、一流は、どうする？

部下が間違った行動をした時、上司は的確に指摘をすることが必要です。

「なんでこんなことをしたのか。本当にがっかりだよ」とネガティブな感情を伝えるだけでは、行動の誤りへの指摘にはなりません。言ってしまえば、上司側のただの〝感想〟です。

感想を封印し、「今回の行動には間違いがある。本来はこうすべきだ」と客観的事実を伝え、さらに正しい行動を示す。これは、上司としての正しい指摘です。ただ、あまりにも理路整然とし過ぎると、かえって部下に伝わらないことがあります。

本書を通じ、何度もお伝えしているのは、上司と部下であれ、人と人、人間関係を築くことが大切だという点です。

部下の誤った行動に対し、人としてまずは「残念だよ」とネガティブな感情を伝える。そのうえで、正しい行動を見せるという方が、人間らしいやり方としておすすめです。

次に、指摘する時の例を挙げましょう。

・客観的事実と誤りの指摘
「会社のルールを無視して、契約書を締結する前に業務に着手してしまっていたことは間違っています」

・ネガティブな感情の伝達
「そういう進め方をしてもいいと判断をしたのであれば、とても残念に思います。これを繰り返してしまうと、せっかく築き上げた各所との関係性も壊れてしまうでしょう」


個人的な感情として〝残念である〟ことを伝えることは、部下を〝人〟として見ていることも伝えられます。ただ、これだけでは次のアクションが見えてきません。

そこで、「今後に向けた改善点」を次に伝えます。

・**今後に向けた改善点**

「このようなことにならないために、まずは契約のフローにダブルチェックを導入するのはどうでしょう？　他にも何かいいアイデアがないか、一緒に考えましょう」

人としてあなたを信頼していたのに、このような行動は非常に悲しいという、人としての感想を述べたうえで、上司として今後どうすべきかの改善策をともに考えることを提案する。この2つの要素は、部下の反省を促し、行動を改善させるきっかけとなります。

人である以上、喜怒哀楽があり、時にネガティブな感情を持つことも避けられません。それを隠し通し、つねにポジティブであれとか、部下に寄り添い前向きになどとは言いません。よくないことを指摘する時には、当然ネガティブな感情を持つべきです。

そして**その感情が部下の自省につながります。**

ネガティブな感情の連鎖ではなく、ネガティブをポジティブに変えていけるような言葉がけができる人間関係を築いていきましょう。

Mastery of Teaching

一流は、ネガティブな感情をあえて伝えた後、改善点を伝える

☑ 感情が部下の自省を促す

フィードバック

三流は、感情的になり、二流は、ロジカルにアドバイスし、一流は、どうする？

部下の行動に対し、注意をする際に、もう1つ気に留めておきたいことがあります。時に、「なんでそんなことをしたんだ」とか「考えたら分かるだろう」といった感情的なフィードバックをしてしまう方がいます。これは部下に精神的ダメージを与えるだけで、何も解決しませんし、部下のためにもなりません。

ここでも発注ミスを例に取りましょう。

「電話での発注だけでなく、メールで証跡を残しておけば、ミスが防げるのではありませんか」「忙しい時間帯に慌てて発注するのではなく、事前にゆとりをもって発注できるフローに修正しましょう」など、このようなロジカルなフィードバックは今回のミスの再発を防ぐ、有用なアドバイスです。

でも、もう一歩踏み込んで、部下の今後のためになるフィードバックの方法を考えてみましょう。

まず、今回のミスの原因と再発防止策を部下自身に考えさせることから始まります。

そのうえで、**この経験が部下のキャリアにとってどのような糧になるのかをともに考えるのです。**

ロジカルなフィードバックで上司側が改善の〝答え〟を出してしまえば、問題は早く解決するでしょう。しかしそれでは、また同じようなことが起きた時や、より大きなトラブルが発生した時、部下は自分で対応を考えず、上司を頼ればいいと考えてしまいます。

今回のミスの解決だけでなく、部下に経験を積ませ、より正確な判断ができるようになってもらうためにはまず、部下自身が自分の頭で考えることが重要です。

「今回のミスで、新しい対策を立てることができました。ミスはミスですが、それから学び、次のステップを踏み出せたのは、いい学びでしたね」

上司は、その判断が正しいかを確認し、次に同じようなことにぶつかった時、どう対応することがベターなのか、未来の姿まで意識した次のようなフィードバックをしましょう。

このようなフィードバックの手法を**「フィードフォワード」**と呼びます。

つまり、過去(後ろ、バック)から振り返るのではなく、未来(前、フォワード)から振り返る手法です。

もちろん、過去の振り返りは必要です。そこから学ぶべきものもたくさんあります。しかし、今回の経験から前を向き、未来のためにどのような策を取るのか、今後どのような指針を持つのかを学ぶことの方が、部下の成長のためには、大切なことなのです。

上司の役目は、部下を成長させること。バックだけでなく、フォワードを見せることを心がけてください。

Mastery of Teaching

一流は、
フィードバックに加えて、
「フィードフォワード」する

☑ 過去だけでなく未来のことも考える

部下をほめられた時

三流は、無関心で、二流は、平静を装い、一流は、どうする？

あなたの上司が、あなたの部下をほめた時、あなたはどんな対応をしていますか？

「君の部下の○○くん、最近活躍しているね」「あぁ、そうですか。ありがとうございます」

こんなコミュニケーションをもしも部下が見ていたら、がっかりすることでしょう。あまりにも無関心すぎますね。


「いえいえ、まだまだですよ」と部下に代わって謙遜し、ほめられて本当はうれしいのに、平静を装うという、ある種日本人の美徳のような行動をする方も多いでしょう。

これは間違いではありません。でも、せっかく自分の部下がほめてもらえたのです。もっと喜んでもよいのではありませんか。

謙遜は、自分がダイレクトにほめられた時にだけ、すればよいのです。

上長に部下をほめられた時、まずは〝もしもその様子を部下が見ていたら、どんな会話が聞こえるのが部下にとって一番うれしいだろうか〟ということを考えましょう。

前述のような謙遜は、人によっては、謙遜なのか、本当にそう思っているのかが分からない場合があります。

せっかくほめられているのに、「いえいえ、まだまだですよ」と言われたら、「もっと頑張ろう」と考える部下もいるでしょうが、「そうか、まだまだなのか……」と落胆する部下もいるかもしれません。後者の場合、モチベーションの低下を招きかねません。

では、どのような返答が、部下を喜ばせるのでしょうか。

「おほめいただき、ありがとうございます。本当によく頑張ってくれていて、最近は結果もついてくるようになりました。もちろん、まだまだの部分もありますが、これからも大いに期待しているメンバーです」

ちょっと大げさかもしれませんが、これくらいポジティブに答えてもらえているのを見たら、部下はきっと大喜びするはず。

ほめ言葉はなかなか本人に面と向かって伝えるのは難しいものです。

だからこそ、**部下がほめてもらえた時は、大々的に喜びましょう。**

そしてもう1つ、部下の指導・教育が仕事の上司にとって、自分の部下がほめられるということは、**あなた自身がほめられている**のと同じです。

「きちんと育成できている」と認めてもらえているのだと認識し、しっかりと喜び、お礼を伝えましょう。

Mastery of Teaching

一流は、ポジティブな感情を出す

☑ 謙遜ばかりする必要はない

Chapter 5

シーン・タイプ別の教え方

全体への話し方①

三流は、勢いで話し、二流は、台本にそって話し、一流は、どう話す？

チーム全体に対し、話をするシーンを想像してみてください。

大人数の前でつい勢いづいてしまう気持ちも分かりますが、何の準備もせず、とりあえず出た所勝負では、伝えたいことが伝わらないことがあります。

本来伝えるべきことを伝え忘れたり、言わなくてもよいことをつい口走ってしまったり……。あまりよい結果は生まれなそうですよね。

伝えるべきことを明確にできるという点では、事前に台本を用意するやり方もあります。

この方法のいい所は、台本をまとめる際、自分の言いたいことを整理できるところです。

伝え忘れの可能性も減るので、よい発信方法だと言えるでしょう。

ただ、よほど話すのが上手な人である場合を除き、台本を読み上げるような話し方は、聞く側にとって、あまり心に響かないというリスクがあります。

学生のころ、教科書を読み上げる先生の声を子守歌に、うたた寝をした経験を持つ人も多いのではないでしょうか。

かく言う私にもその経験があります。いろいろなことをつらつらと話されても、結局何の話だったのか、あまり印象に残らないのです。

では、どのように話せば、全体に対してしっかりとしたメッセージを発することができるのでしょうか。

それは、**ポイントを1つだけに絞って話す**やり方です。

今回伝えたいことはこれと決め、そのことについてだけ集中的に話をしましょう。

この方法であれば、聞く側も1つのトピックに集中することができ、よりしっかりと話の内容をインプットすることができます。

自分が話を聞く側の立場だったころを思い出すというのも、大切なポイントです。
聞く側の立場に立って考えれば、特に上司の話は簡潔で分かりやすいのが一番。長々と話されるよりも、短く、内容がはっきりした話の方が、好まれるのは当然ですね。チーム全体に対し話をするシーンではまず、自分が聞く側だったらという目線を持って、発信方法を考えましょう。

この時、さらに意識したいのは、**話し始めに、まず何について話すのかを明確に示すこと**です。

「今日は○○について、話をします」と聞く側にトピックを提示しておくことで、話す側、聞く側双方が冒頭から共通認識を持って、話を進めることができます。

そして、話の最後には、もう一度、「○○についての話でした」と強調するといいでしょう。

Mastery of Teaching

一流は、ポイントを1つだけに絞って話す

「話し始め」と「話の最後」にトピックを示す

全体への話し方②

三流は、下を向きながら話し、二流は、1人の目を見ながら話し、一流は、どう話す？

自信なげに下を向きながら話す人の話は、誰も聞いてくれません。

きちんと前を向いて話をするのは、最低限のマナーです。

大勢を前に話をする時、あなたはどこを見ながら話していますか。

「真んなかくらいに座っている人を見ながら話すと、全体に向かって話しているように見える」という方法を聞いたことがあります。たしかに、中央の1人の目を見ながら話すと、なんとなく全体を見ているような話し方になるのかもしれません。

しかし、それで伝えたいメッセージが全員に届いているのか、響いているのかは少々疑問です。

かつて教員をしていたころ、私は先輩からこのように教わりました。

「必ず生徒一人ひとりの目を見ながら、話しなさい」と。

学校の授業は1人から大勢への発信の典型的なかたちですが、ただ単に発信をするだけでは、生徒たちに内容をしっかりと伝えることはできません。


全体に向けてのメッセージであれ、内容がその場にいる一人ひとりに伝わらなければ、意味がないのです。

なんとなく全体にメッセージを伝えるのではなく、一人ひとりに向けた発信であることを理解してもらうためには、やはりその場にいるみんなの目を見ながら話すことが大切です。


もちろん、話をするのが苦手な方もいらっしゃるでしょう。

大勢に対し、堂々と話ができるようにするには、一にも二にも訓練です。繰り返し練習し、みんなの目を見ることを意識しながら話をする習慣をつけることに尽きます。

いきなり数十人、数百人というのはハードルが高いので、まずは2～3人、次は5人程度と、少しずつ規模を大きくするといいでしょう。

この訓練を実際にやってみると、2~3人が話し相手のシーンであっても、一人ひとりの目をきちんと見て話すのは意外に難しいということが分かるかと思います。

最初は意図的に、1人何秒ずつ見るというルールを設定し、話をするというのも1つの手でしょう。

慣れてきたら、ルールがなくても、自然に全員の目を見ることができるようになります。

注意点としては、**目を見ることに集中し過ぎて、肝心の話の内容がいまいち、とならないようにする**こと。

前項でお伝えしたように、ポイントを1つに絞って話すのと合わせて、何度か練習をしてから、本番を迎えるようにしてみてください。

Mastery of Teaching

一流は、一人ひとりの目を見ながら話す

☑ 最初は意図的にルールを決めてもＯＫ

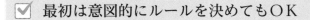

アイデアの出し方

三流は、放任し、二流は、とりあえずアイデアを求め、一流は、どうする？

今の時代、新たなアイデアを求められる機会が増えています。

新製品や新サービスのアイデア、業務効率改善のアイデア、組織変革のアイデア……数えればきりがないほどのアイデアが、事業成長を加速させます。

しかし残念ながら、上司が「きっと何か考えてくれているだろうから、任せておこう」という考えで放任していては、部下発の新たなアイデアはなかなか生まれません。

私の知人の会社には「何か新しいアイデアはありませんか」「アイデア募集しています」と週に一度の会議でアナウンスする課長がいらっしゃるそうです。

知人は食傷気味に「アイデアは出せと言って出てくるものではない」と話していました。

もちろん上司という立場で部下にアイデアを求めることは必要です。ただ、そのやり方にはもう少し工夫が必要なのではないでしょうか。

では、どのような環境なら、部下たちは新たなアイデアを思いつくのでしょうか。

大前提として、どんな話も気を遣わずにできる場が必要です。

新たなアイデアというのは、時に突拍子もない話から生まれることもあります。「こんなことを言うと、怒られるのではないか」とか「（部下という立場で）こんな話をするのはふさわしくないのではないか」などと考えなければいけない場では、アイデア出しをすることも難しいでしょう。

どんな話でも気を遣わずにできるという状態を、専門用語では心理的安全性が担保されているといいます。

上司の役目はまず、**「アイデアを出してください」と言う前に、アイデアが出せる状態をつくる**ことから始まるのです。

もちろん、「この時間はどんな発言でも構わないし、会社のことや立場のことは一旦脇に置いて考えよう」と言葉で伝えることも有用ですが、普段から心理的安全性が確保されている関係性を築いておくことも重要です。

例えば、日々の1on 1のなかでささいなことを言いやすい環境をつくることで、「この人には何を話しても大丈夫」だと思える関係性をつくっておくことが、その第一歩になるでしょう。

さて、心理的安全性が担保された状態があれば、アイデアは続々と出てくる……というわけではありません。

そこにはもう1つ、必要なものがあります。

それが、上司と部下が一緒にブレストをすること。

1人で考えていても、アイデアはかたちになりづらいものです。

目線の違う人同士が議論をし、アイデアの種をたくさん集め、最終的に1つの大きなアイデアにしていくプロセスが大切なのです。

Mastery of Teaching

一流は、心理的安全性を担保して、一緒にブレストする

☑ アイデアを出していくまでのプロセスを大切にする

反抗的な部下

三流は、びびってオドオドし、二流は、受け流し、一流は、どうする？

どのような職場にも、1人や2人、反抗的な人がいます。

「なんでこんなことをしないといけないんですか」「これ、私の仕事ですか」なんていう発言をされたことがあるという上司の方も多いでしょう。

そんな人に対し、上司がびびってオドオドした態度をとっていれば、相手はつけあがる一方です。

「まぁ、そういう態度の部下もたまにはいるだろう」と半ばあきらめモード、言いたいように言わせておいて放置するという上司もいるでしょう。

このやり方の場合、波風は立たないかもしれません。しかし、その様子を見ている他の部下は、上司のことをどう思うでしょうか。

「なんだ、ああいう態度でも許されるなら、一生懸命やっているこっちがバカみたいだ」と思ってしまっては、チーム全体の士気に関わります。

部下が反抗的な態度をとるのには、何かしら理由があるはずです。

子どもの反抗期のように「なんだかムカつく」みたいなことはあまりなく、例えば、上司に不信感があるとか、仕事のやりがいが見いだせないとか、何かしらの理由やきっかけがあるのです。

反抗的な態度をやめさせるためにはまず、しっかりと対話をし、その理由を理解するところから始めましょう。

この時、全員がいる前や、チームメンバーの前で対話をするのは控えましょう。

1on1の時間など、2人だけで話ができる場を使い、丁寧な話し合いを心がけてください。

また、気楽に話せた方がいいだろうと、飲みに誘って話を聞こうとする方が時々いらっしゃいますが、これは逆効果です。

仕事に関わる大切な話であることを認識し、業務時間内の正式なミーティングとして実施してください。

部下が反抗的な態度をとる理由が判明したら、それを解決するステップに進みます。例えば、過去の上司の発言が引っかかっているという場合、上司側がその発言の意図を伝え、誤解があれば、解消するといった具合です。

その場ですぐ解決できるものではない場合は、時間をかけて対話を続ける、あるいは周りの人に改善策を提案し、解決をサポートしてもらうという方法もあります。

何よりも大切なのは、**上司側の解決したいという気持ちがあることが伝わること。**ここで解決を放置しては、部下の反抗的な態度が変わることはありません。

反抗的な態度の理由が解決した後、ようやく、上司は部下と適切な関係性で会話ができるようになるでしょう。

良好な関係性を維持できれば、業務での指示・教育もスムーズに行えるようになります。

Mastery of Teaching

一流は、相手を理解できるよう対話する

☑ こちらの気持ちを相手に伝える

年上の部下

三流は、平等に仕事を与え、二流は、何も頼まず、一流は、どうする？

昨今は終身雇用ではなく、転職などでステップアップする人も増えています。

必然的に、年功序列ではなくなるため、年上の部下を持つことになる人も多いです。

「仕事において年齢は関係ない。部下は部下なのだから、他の部下と平等に仕事を与える」

というスタンスの方も一定数いらっしゃるでしょう。

しかし、年齢が上の人に対し、気遣いをまったくしないというのは、失礼にあたります。

とは言え、気を遣いすぎて、何も頼めないのでは、会社における上司と部下という役割分担が崩壊してしまいます。

周りの部下から見ても、不自然な関係性に思えるのではないでしょうか。

そこでおすすめしたいのが、まずは**年上の部下の方の得意なことを聞き出すこと**です。これまでのキャリアなどにそってヒアリングをし、どのような業務が得意なのか、これまでの経験を生かせる業務は何なのかを確認します。

そのうえで、**この業務に関しては任せるという分野を決めましょう。一度任せたら、もう口は出しません。**

この方法をおすすめする理由は、年上の部下のプライドを傷つけず、メンツを維持しながら、業務を進められるためです。

逆の場合はどうでしょうか。

例えば、年上の部下に初めて経験する業務や苦手な業務を任せてしまうと、年下の上司が一から指導をする必要があります。あるいは、困ったことがある場合、年上の部下は年下の上司に相談せざるを得ません。

私であれば、どちらの立場になったとしても、とても気を遣うだろうなと想像ができます。

つまり、最初から年上の部下の得意なことを任せることで、お互いに余計な気を遣ったり、気まずい思いをしたりすることなく、スピード感を持って業務を進めることができるというわけです。

もちろん、適切な上司と部下の関係を維持するためには、報告・連絡・相談といった基本的なことは他の部下と同様に、やってもらいましょう。

上司側が変に気を遣いすぎて、特別扱いをし過ぎることは、他の部下への悪影響にもなりかねません。

「あの人だけずるい」というような意見が出てしまっては、元も子もないのです。

年上であるという点に敬意を示し、一定の配慮をしつつも、遠慮をする必要はありません。また、年上の部下から学ぶべきこともたくさんあります。

年下の上司はつねにそのような気持ちをもって、年上の部下に接してみてください。

Mastery of Teaching

一流は、得意なことを聞き、任せる

✔ お互いに余計な気を遣わない状況にする

ルーズな部下

三流は、評価を自動的に下げ、二流は、無理やり時間管理をさせて、一流は、どうする？

時に、ルーズな人というのもいます。

上司からすると、時間にルーズな部下というのは困りものです。

時間の管理ができないということを理由に、評価を自動的に下げるという対応をする方もいますが、それでは根本的な解決にはつながりません。

では、時間の管理ができるよう、細かく指導をし、上司流のやり方を押し付けるというのはどうでしょうか。

例えば、月曜日に資料を作成し、火曜日に上司がチェックし、水曜日に修正し……といった風に、上司のやっている時間管理術をそのまま、部下にも当てはめるというわけです。

このやり方で部下も時間の管理ができるようになれば、それはそれでよいのですが、そのやり方が部下に合ったスタイルなのかという点では疑問を感じます。

人にはそれぞれ、得意不得意や自分のペースというものがあります。

文章を書くのが得意な人もいれば、計算が速い人もいます。

上司にとって資料作成は簡単な仕事、1日でできるものであっても、部下にとっては苦手分野で2日必要かもしれません。

逆に、上司にとって面倒でつい後回しにしてしまう経理業務が、部下にとってはすいすいと進められる得意分野の可能性もあります。

上司流のやり方を押し付けてしまっては、部下の特性や個性を生かせないのです。

せっかくであれば、部下の得意や好きを生かしつつ、時間の管理ができるよう、育てたいところです。

では、どうするのか。その方法はシンプルそのもの。

部下がやりきるまで、上司がフォローし続けることです。

「フォローし続ける」といっても、難しいことをする必要はありません。

例えば、1週間以内に提出する提案書がある場合、それぞれのプロセスで次のような声かけ、アクションができるでしょう。


「提案内容で迷っているところはない?」

「過去の提案内容を参考にするといいよ。前年のデータは共有フォルダに格納してあるからね」

「提案書を使って、一緒にロープレをしようか? その方が流れを汲んだ提案書がつくれるよ」

「明後日が提出日だね。一緒にチェックをする時間を前日に設けよう」

「今日が提出日だね。よく頑張って、時間内につくったね」


一つひとつはささいなことばかりですが、その言葉には上司から部下へ**「つねに気にしているよ」「時間通りに提出できるかを見守っているよ」**というメッセージが込められています。そして無事時間通りに提出できたら、しっかりとほめることをお忘れなく。

Mastery of Teaching

一流は、部下がやりきるまでフォローし続ける

☑ さ さいな声かけやアクションを繰り返す

傷つきやすい部下

三流は、周りと平等に扱い、
二流は、声かけを増やし、
一流は、どうする？

ルーズな部下がいれば、傷つきやすい部下というのもいます。

そんなことで傷ついていては……と感じ、周りと同じように平等に扱い、試練を与えるのも１つの指導方針かもしれません。しかし、精神的に負担になるような状況が長く続けば、部下にとっていい環境とは言えないでしょう。

部下の特性に合わせ、指導・教育するのは上司の役割です。

傷つきやすいと分かっているのであれば、意図的に声かけを増やし、気にかけることも大切でしょう。

ただ、上司も忙しく、つねにその人だけを気にかけ続けることは難しい場合もあります。

では、どうすればいいのでしょうか。

そのヒントになるのが、「アイデアの出し方」の項でも説明した心理的安全性です。

部下が傷つきやすいのは、何か不安になることがあるため。

その原因になっているものは何なのかをヒアリングし、職場、あるいはこのチーム内には不安がない状態をつくることがポイントです。


例えば、ミスをして怒られるのが不安なあまり、通常のアドバイスまで叱責のように感じてしまい、傷ついてしまうという場合。

まず、ミスは誰にでも起こり得ることであることを、しっかりと伝えます。

そのうえで、「仮にミスをした場合も、上司がいつでもフォローできる体制をとっている」といった解決策を伝えることで、部下の心理的安全性を担保することができます。

また、**アドバイスをする時には、「叱責ではない」と明言する**こともおすすめです。

上司としてはアドバイスのつもりでも、部下にとってはより厳しい言葉に聞こえることもあることを、上司がしっかりと認識することが大切です。

とは言え、時には、厳しいことを言わなければいけないこともあるでしょう。

そんな時には**「あなたのために伝えるね」**と枕詞を添えてみてください。

この言葉があるだけで、上司の発言は〝怒っている〟のではなく、〝励ましてくれている〟印象に変化します。


部下の性格そのものが変わることはなくても、「それでも大丈夫」「いつでもフォローできるよ」「この場所はあなたにとって安全な場所です」というメッセージを発信し、不安になる要素を少しずつなくしていくことはできます。

上司という立場のあなたが〝絶対的に安全な場所〟であることは、部下の大きな心の支えになるでしょう。

Mastery of Teaching

一流は、部下の不安を聞き出し、心理的安全性をつくる

☑ 部下が不安に感じる要素をなくしていく

DXの導入

三流は、疎いまま学ばず、
二流は、自分のやり方で管理し、
一流は、どうする？

今、多くの企業が、デジタルの力で業務や組織を変革するＤＸ（デジタルトランスフォーメーション）に注力しています。

中小企業などでは、変革の一歩手前のデジタル化をすることも含めて、ＤＸと呼んでいる場合もあります。

これからの時代、デジタルに疎くては企業も人も生き残っていけません。

でも、正直あまりよく分からないという方もいるでしょう。

会社がＤＸだと言うから、自分のやり方でみんなを動かす、というスタイルには少々無理があります。

せっかくデジタル化をしても、上司があまり詳しくなかったらどうなるでしょうか。見積書の作成はデジタルツールでできるようになったのに、それを管理する上司はアナログ式、エクセルでの管理をしているなんていう状況が起きていては、真のＤＸにはほど遠い状態です。

生まれたころからインターネットやスマートフォンがある世代、つまり今の若者たちのことを「デジタルネイティブ」と呼びます。

知人の子どもは幼稚園児ながら、テレビの画面に指を添え、スワイプしようとしていたそうです。

今、上司であるあなたが指導・育成している若者たちは、まさにこのデジタルを使うことに長けている世代です。

であれば、デジタル化やＤＸは彼らに任せてみてはいかがでしょうか。**〝得意なことは得意な人に〟の精神で、若者たちに任せておけば、案外うまくいくものです。**

そしてさらに踏み込んで、デジタルツールの使い方を部下から学ぶのもおすすめです。

部下から学ぶなんて……と躊躇せず、デジタルネイティブな彼らを師としてみましょう。

私の知人の部署では、ある数値を管理するために、エクセルのシートに数値を入力し、それをコピーして別のシートに貼り付けてという作業を毎日1時間かけてやっていたそうです。

ところが、新卒で入社してきたAさんがそれを見て、「この作業なら無料で使えるツールがありますよ」とあっという間にツールをダウンロード。入力すべき数値も自動で反映されるように設定してくれたとか。

結果、この作業をする時間はゼロになったそうです。

デジタルのことは、デジタルネイティブに任せ、教わってみましょう。

自然と、あなたの知識やスキルも増え、先の例のように、チームや部署全体にいい影響が広まっていくはずです。

Mastery of Teaching

一流は、ツールの使い方を部下に任せ、教わる

特にデジタルのことについては、学べることが多い

Chapter 6

教え上手の心得

教える時の心構え

三流は、上から目線で教え、二流は、ナメられないために偉ぶり、一流は、どう教える？

人はなぜ、立場を手に入れると〝それらしく〟振る舞いたくなるのでしょうか。

もちろん、立場が人を育てるということは否定しません。ただ、〝それらしく〟の方向性を誤っている方もしばしば見かけるのです。

例えば、部下を見下し、上から目線で指導する上司。

上司が上、部下が下だという考えには、誤りがあります。

上司、部下は仕事上の関係性の問題であり、そこに人間性の優劣はありません。

「上司は偉くないといけない」という考えを持つ方もしばしば見かけます。

部下にナメられてはいけないという焦りなのか、上から目線に加え、武勇伝を語ったり、偉ぶった態度をとる上司。それに対し、部下は表面上、尊敬や信頼の念を示してくれるかもしれませんが、内心は……簡単に想像が付きますよね。

では、上司は部下に対し、どのような心構えで指導・教育するのがよいのでしょうか。

大前提は、部下を自分たちの大切な仲間だと認識すること。
上下関係でも、主従関係でもなく、部下は同じ目標に向かって努力する仲間なのです。
仲間に対してすべきことは命令や指示ではありません。ともに同じ方向に向かうためのコミュニケーションが必要です。

そしてここでキーになるのが、同じ目線を持って、指導・教育することでしょう。
部下が見ているものは何なのか、その先にはどのようなビジョンを描いているのか。
そこまでを理解したうえで、指導・教育していける人こそ、一流と言えるのです。

同じ目線を持つためには、部下を理解することに加えて、会社のビジョンやミッション、チームに求められていることなど、**より広い視点で仕事そのものについて理解しておくこと**も重要です。

例えば、部下が新製品を開発したいというビジョンを持っていても、会社が求めていることが既存製品の販路拡大だとしたら……。上司が部下の背中を押したとしても、会社からの評価にはつながりません。

であれば、既存製品の販路を拡大するなかで、新製品開発につながるヒントを見つけられるよう指導・教育するといった風にしていくことができるでしょう。

部下と会社、それぞれの目線を深く知っている上司であれば、しっかりと目線合わせをし、同じ目線を持った指導・教育ができるのです。

Mastery of Teaching

一流は、部下を仲間と認識し、同じ目線で教える

☑ 立場を「上下」で考えない

育て方の方針

三流は、「背中を見て覚えろ」と放置し、二流は、自分のクローンをつくろうとし、一流は、どうする？

かつての日本企業は〝企業戦士〟たちに支えられていました。

彼らは上司の指示を疑うことなく聞き、言われた通りに働くことに長けていました。

また、終身雇用が前提のため、上司側が仕事は「背中を見て覚えろ」という姿勢であっても、自ら学ぶタフな世代でした。

でも、令和の今は、〝見るだけ〟では人は育ちません。

大学卒業後の新卒3年以内の離職率が3割超の現代では、会社はしがみつくものではないのです。

より細かに上司側の意図を伝え、業務を任せられる人材を育てていかなければいけない。

そうなった時、一部の上司が目指すのが自分の〝クローン〟をつくることです。「仕事を任せることができる」という点では、その考えも誤りではありませんが、それでは多様性のある、風通しのいい企業にはなれません。

今の若者たちは幼いころからデジタル技術に触れ、経営層や上司世代とはまったく異なる社会で育っています。価値観が大きく異なるのも、当然のことでしょう。そんな彼らを〝クローン〟にすることは、お互いにとってマイナスでしかないのです。

今、部下を指導・教育するのに必要な考えは**「部下は我々とは違う」**ということをしっかりと認識し、自分とは違う仕事のやり方を受け入れることです。

「DXの導入」の項でもお伝えしたように、時間がかかっていた作業を、新入社員がデジタルツールを導入し、大幅な効率アップにつなげたという例もあります。「自分たちでは思い浮かばない方法を、今の子たちは知っている」と話す知人もいました。

もちろん社会人としての経験や実績は、上司の方が上です。

とは言え、上司世代が固定観念に縛られている一方で、行っていることを変える力を部下世代が持っている可能性も高いのです。

そんな時、「ずっとこうやってきたから」とか「やり方は踏襲すべき」といった考えを持っていては、お互いのためにも、会社の成長のためにもなりません。まずは相手のやり方を受け入れてみる、そんな柔軟性が求められています。

仮に、部下のやり方に納得がいかない時でも、頭ごなしに否定せず、**まずは相手の考えを聞きましょう。**

そのうえで自分の考えを述べ、一緒によりベターな方向へ進めるよう、話し合ってください。

Mastery of Teaching

一流は、自分と違う仕事のやり方を受け入れる

☑ 「違い」を認めて、受け入れる

基本的な関わり方

三流は、厳しく叱る自分を正当化し、二流は、必死でおだてて、一流は、どうする？

なぜか上司になると、「部下を叱らなければいけない」と勘違いする方が一定数いるようです。

「部下を叱るのは当然だ」「部下に厳しく接することが上司の務めだ」といったスタンスで部下と関わっていては、それぞれにとって建設的ではない関係性になってしまいます。

近年、さまざまなハラスメントが話題になっていますね。もちろん、ハラスメントは許されるべきものではありません。

しかし、ハラスメントだと思われることを恐れて、厳しく接することができず、甘やかすことが正解なのでしょうか。

なんとか機嫌よく仕事をしてもらおうと、必死でいいところを見つけ、なんとかおだてて働いてもらおう。そんなスタンスの上司の下で、あなたは働きたいですか。

では、上司となった場合、部下に対してどのような関わり方をすべきなのか。

結論をお伝えすると、**「部下の性格によって、関わり方を変える」**ことです。

私の場合は、毎回必ず、指導計画を立てるようにしていました。

いつまでに何ができるようになっていればいいのか。どのタイミングで独り立ちさせるのか。1年後、3年後の在りたい姿はどのようなものなのかを書き出すのです。

この指導計画の肝となるのは、**部下がどのような性格で、どのような考え方を重視しているのか**ということ。

小さな成功を1つずつ積み上げることにやりがいを感じるのか、ハードルの高い壁に立ち向かうことに〝燃える〟タイプなのか。相手の性格に合わせて、適した指導計画を考えます。

例えば、**コツコツタイプには週に一度、小さな目標を達成できるような計画を立てる。**

大きな成果にやりがいを感じるタイプには、3ヶ月に一度程度、他者からもはっきりと分かるような、目標の達成を実感できる機会を設ける。

このように部下の性格によって、目標達成の粒度やスパンを調整するのです。

重要なのは、部下がどのような性格で、何にやりがいを感じ、何がモチベーションを高めるのかを知ることです。

ちなみに、本人が「ほめられて伸びるタイプなんです」と言ったとしても、それを真に受けてはいけません。

本来はどのような性格なのか、どう育てていくべきなのかは、上司自身が自分の目で判断しましょう。

Mastery of Teaching

一流は、性格を見極めて関わり方を変える

☑ 一人ひとりのことをまず知る

予定通りにいかない時

三流は、相手を変えようとし、二流は、環境を変えようとし、一流は、何を変える？

仕事で、予定がすべて順調に進むことはまずありません。スケジュール変更などが生まれることはよくあります。

では、そうした場面では部下にどう働きかけたらいいのか。

予定通りに進められるよう、相手を変えようとしても、うまくいくことはあまりないでしょう。

残念ながら、人はそう簡単には変わりません。

では、何を変えればいいのか。

環境を変えるという考えもあります。

よくある例では、属人的になっているフローを変えるとか、ボトルネックになっている作業を自動化するというようなものがあるでしょう。

これは改善策としては適していますが、あくまでも一つひとつの課題に対処するための策でしかありません。

相手や環境を変えるよりもまず、変えた方がいいものがあります。

それは、**自分**です。

例えば、書類の提出がいつも間に合わない部下がいるとします。

案の定、締め切りに間に合わなかった部下に「次からは書類を早く出すように」と注意し、部下が行動を変えるのを待つのは三流です。

書類を出せない理由は何なのかを考えた結果、手間の多さがネックだと分かり、紙の書類をやめて、Webシステムへの入力で済ませられるようにした。これが、環境を変えるということです。

でも、おそらく〝めんどくさがり〟の部下はWebシステムになろうとも、締め切りには間に合わないでしょう。そして、一つひとつの業務に対する姿勢は改善されません。

自分を変えるとはどういうことか。

例えば、毎週月曜日に今週部下が提出すべき書類のリストを記載したリマインドメールを送るというのも、1つの手です。

毎週金曜日の朝、まだ提出できていないものをリマインドすることもセットです。

上司からすると、部下の書類を1つずつ進捗管理し、メールを作成するという手間が発生します。でも、**そもそも部下の業務の進捗管理は上司の仕事です。**これは手間ではなく、やるべきこと。そう考えれば、苦ではないはずです。

また、このような**上司からの働きかけは、部下の習慣の変化を生み出す**こともあります。

1つの書類の提出が遅れたことに対する改善ではなく、部下の仕事への向かい方や時間管理の方法そのものの改善に結び付く取り組みだと考えれば、上司側のモチベーションにもつながりますね。

相手や環境を変えるのではなく、まずは自分を変える。

その姿勢はやがて部下にも伝わり、チーム全体を向上させるきっかけになるでしょう。

Mastery of Teaching

一流は、自分を変える

☑ 相手や環境より、
自分を変えた方が改善が早い

リーダーシップ

三流は、上から引っ張り上げようとし、二流は、自分が敷いたレールを走らせ、一流は、どう導く？

部下を持ち、チームを円滑に運営するためには、リーダーシップを発揮する必要があります。これは「そういうタイプじゃないし……」と言っている場合ではなく、上司としての責任です。

ただ、残念なことに、前述したように、上司＝上、部下＝下という誤った認識を持っているリーダーも多いようです。

彼らは〝下〟にいる部下を、〝上〟に引っ張り上げることが正解だと考えています。

人が進むべき方向は下から上だけではないはず。

本人が、企業が求めている方向に進められていなければ、リーダー失格です。

自身が正しいと考える方向に進めさせるため、レールを敷き、伴走するタイプのリーダーもいます。

これは、一昔前までは正解だったかもしれません。

企業が求める方向が明確で、そこに向かっていけば成長できるという経済成長期においては、このスタイルでも問題がなかったのでしょう。

しかし、先が見えず、何が起きるか分からない今の時代には通用しません（このような時代は、「ＶＵＣＡ時代」「ＢＡＮＩ時代」とも呼ばれています）。

「多様性」が重視される現代では、みんなが同じ方を向いて、同じ能力を身に付け、同じことをしていては、何かあった時、全員で玉砕することになりかねません。

これからの上司に求められるリーダーシップは、部下の主体性を生かし、伸ばすこと。

そして、ともにいい影響を与えられるような関係性を築くことなのです。

以前、まさに部下の主体性を重視するリーダーとお会いしたことがあります。

その方は週に一度、すべての部下と1 on 1を行っていて、部下が「チャレンジしたい」と言ったことに「NO」と言わないことを心がけているとお話しされていました。

しかし、会社である以上、すべてのことにチャレンジできるわけではないはずです。

そんな時は、自ら進んで他部署との交渉をし、部下のチャレンジを応援したそうです。

それでもチャレンジが難しい時には、部下と話し合い、部分的にチャレンジできる可能性を探ったり、ともにチャレンジできそうな仲間探しをしたりと、さまざまなかたちで後押しをしたそう。

その姿を見ている部下たちは、積極的に主体的に動くことが〝当たり前〟になったと伺いました。

これこそが正しいリーダーシップと言えるでしょう。

Mastery of Teaching

一流は、部下が主体的に動けるよう後押しをする

☑ 主体性を生かし、
伸ばすことを考える

おわりに

ここまでお読みいただき、ありがとうございます。

「はじめに」にも書いたとおり、多くの人はこれまで教え方を学ぶ機会を得てきませんでした。

時代が変わり、かつてのような〝背中を見て覚えろ〟が通用しなくなった今、上司という立場になった方にはぜひ、教え方について考えていただきたいという思いで、本書を執筆しました。

本書のキーワードは「人に魚を与えるよりも、魚の捕り方を教えよ」という老子の言葉です。それを私流に解釈すると、上司がすべきこととは、「部下にタスクを与えるよりも、社会人としての在り方を教えよ」といったところでしょうか。

上司と部下である前に、縁あって出会った人と人として、良好な関係性を築くこと、そして社会人として一人前に育て上げること。

その経験は何物にも代えがたいあなた自身の財産になるでしょう。

人を育てるということは、容易ではありません。時間も労力もかかるものです。しかし、それらの苦労が霞んでしまうくらい、大きな喜びがあります。

みなさんとともに、私自身も何度でもその喜びを体感したいからこそ、人材育成コンサルタントの仕事を続けています。本書が少しでもみなさんの人材育成のヒントになることを願っています。

本書をお読みいただき、私に少しでも興味を持ってくださったなら、ぜひ〈k-kita@pole-star.me〉までご連絡ください。多少お時間はかかるかもしれませんが、お返事させていただきます。

最後になりましたが、本書執筆にあたり（株）マクアケデザイン・宮川直己社長、大阪府立伯太高等学校教諭・横山創一先生、西尾運送（株）大阪営業所・辻匡人所長、版元である明日香出版社編集部・竹内博香様には企画の段階からお世話になり厚く御礼申し上げます。併せて、ご尽力・ご協力いただいたすべてのみなさまに感謝申し上げます。

改めて、最後までお読みいただき、ありがとうございました。

これを機に、まだお会いしたことのない読者のみなさまともお話しさせていただく機会が訪れることを願って、筆を置きたいと思います。

北宏志

読者限定特典
オンラインセミナー無料プレゼント

あなたの部下や後輩の仕事力が高まるToDoリストのつくらせ方

追加特典

仕事力が高まる
「ToDo リストフォーマット」（PDF）

以下の「QR コード」か「URL」よりアクセスしてください。

https://pole-star.me/todolist2025/

※特典の配布は予告なく終了することがあります。
予めご了承ください。
※動画、PDF はインターネット上のみでの配信となります。
※読者限定特典は、株式会社ポールスターコミュニケーションズが実施するものです。

取材、出演、講演、研修・セミナー、執筆等のご依頼は以下よりお問い合わせください。
info@pole-star.me

※これらのサービスは、予告なく終了することがあります

著者
北宏志（きた・こうじ）
（株）ポールスターコミュニケーションズ代表取締役
人材育成コンサルタント

大学卒業後、立命館大学に関係する中高一貫校で社会科教諭として勤務。その後、「ララちゃんランドセル」を製造・販売する（株）羅羅屋に転職。中国での駐在中は経営幹部として部下 80 名を束ね、中国国内の売上を 3 年間で 9.7 倍に拡大させ黒字化させる。日本とアジアの架け橋となり、教育をより良くしていきたいという思いから、日本に帰国後、人材育成コンサルタントとして独立。

新入・若手社員の研修を中心に全国 35 都道府県で 1,000 回以上の登壇実績を持ち、これまでの受講生は 25,000 名を超える。

企業規模、業種問わず 100 社以上の人材育成に関わり、教育制度の設計、組織改変、評価制度と研修制度の紐付けなどの人が育つ仕組みづくりに取り組む。経営者や上司と部下、お互いの考えや目指す方向を聞きながら、コミュニケーションや部下育成の問題を改善、若手社員を中心とした 1on1 面談の実績は延べ 2,000 名を超える。若手社員の離職率低下の実績も多数あり、三現主義を貫き、現場にとことん入り込み、社員一人ひとりと関係性を築くことを得意としており、外部の人材育成担当者として日本全国を飛び回っている。

著書に、『新しい教え方の教科書　Z 世代の部下を持ったら読む本』（ぱる出版）、『ビビリの人生が変わる　逆転の仕事術』（三才ブックス）がある。

株式会社ポールスターコミュニケーションズ
https://pole-star.me

教え方の一流、二流、三流

2025 年 4 月 12 日 初版発行

著者　北 宏志
発行者　石野栄一
発行　明日香出版社
〒 112-0005 東京都文京区水道 2-11-5
電話 03-5395-7650
https://www.asuka-g.co.jp
カバーデザイン　小口翔平＋青山風音（tobufune）
カバーイラスト　山崎真理子
組版　野中賢 / 安田浩也（システムタンク）
校正　鷗来堂
印刷・製本　中央精版印刷株式会社

ISBN 978-4-7569-2394-3